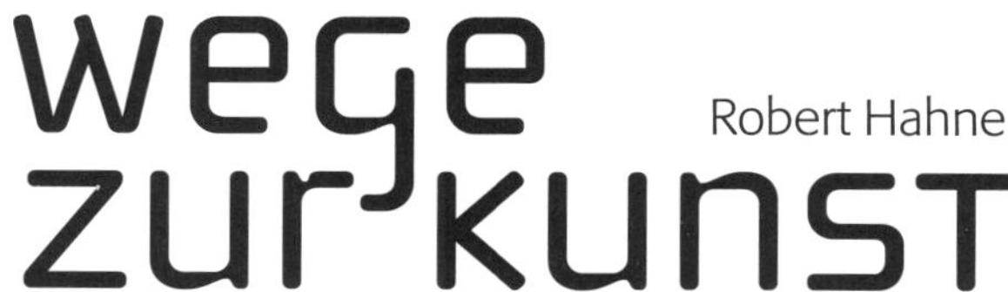

Begriffe und Methoden für den Umgang mit Bildern

Schroedel

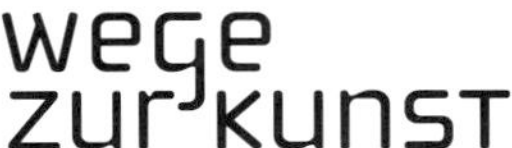

Begriffe und Methoden
für den Umgang mit Bildern

Robert Hahne

Für Ulrike

Druck A [11] / Jahr 2022
Alle Drucke der Serie A sind inhaltlich unverändert.

Redaktion: Kerstin Meyer
Herstellung: Sabine Schmidt
Grafik: Pfannenschmidt, Hannover
Layout und Satz: Jesse Konzept & Text GmbH, Hannover
Umschlag: Janssen/Kahlert, Hannover
Druck und Bindung: Westermann Druck GmbH, Georg-Westermann-Allee 66,
38104 Braunschweig

ISBN 978-3-507-**10015**-2

Inhalt

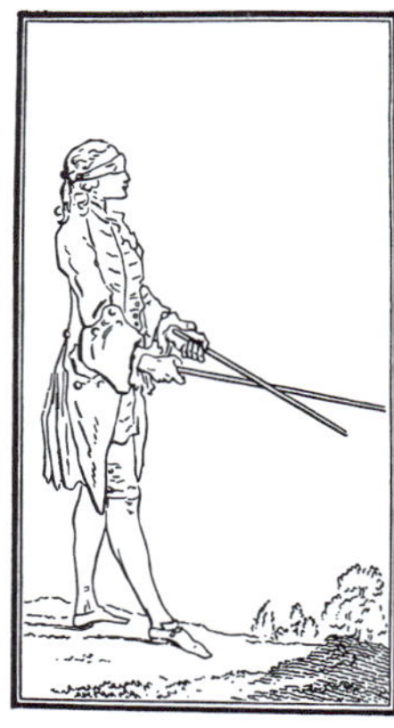

Bedingungen der Bildbetrachtung

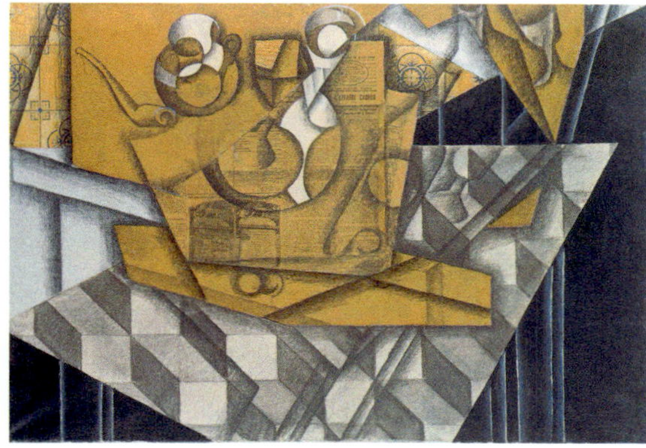

Die bildnerischen Mittel

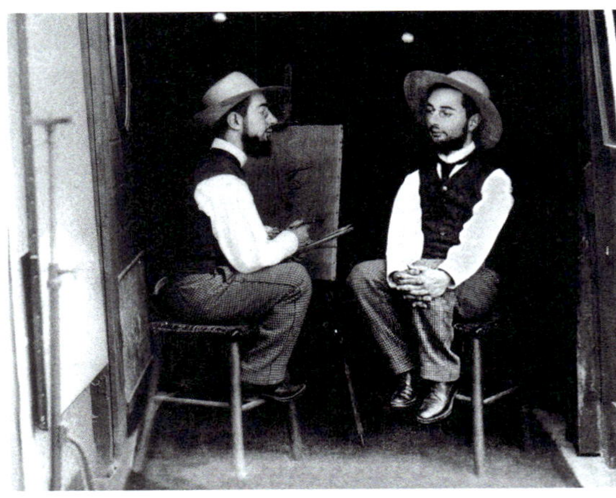

Kunstwissenschaftliche Untersuchungsansätze

Vorwort

Kunstwerke sind Herausforderungen. Wir erklären sie nicht, wir setzen uns mit ihnen auseinander. Wir legen sie unseren eigenen Zielen und Bestrebungen entsprechend aus, übertragen auf sie einen Sinn, der seinen Ursprung in unseren eigenen Lebensformen und Denkgewohnheiten hat, machen, mit einem Wort aus jeder Kunst, zu der wir eine wirkliche Beziehung haben, eine moderne Kunst.
Kunstwerke sind unnahbare Höhen. Wir gehen auf sie nicht direkt zu, wir umkreisen sie vielmehr. Jede Generation erblickt sie von einem anderen Standort aus und sieht sie mit neuen Augen an, wobei der später gewonnene Gesichtspunkt nicht unbedingt der angemessenere ist. Jeder Aspekt hat seine Stunde, die nicht vorweggenommen und nicht verlängert werden kann, wenn ihr Ertrag für die Zukunft auch keineswegs verloren geht. Aus der Akkumulation [Sammlung] der verschiedenen Deutungen ergibt sich ja erst der volle Sinn, den ein Kunstwerk für eine spätere Generation gewinnt.
(Arnold Hauser: Methoden moderner Kunstbetrachtung. München: Verlag C. H. Beck 1974, S. 1)

Mit diesen Worten leitete der Kunstsoziologe Arnold Hauser sein Buch über Grundlagen und Kategorien einer kunstwissenschaftlichen Methode ein – zugleich umriss er damit die Möglichkeiten und Grenzen methodischer Kunstbetrachtung, die Thema des vorliegenden Heftes „Wege zur Kunst" ist. Es rückt zunächst die Wahrnehmung als Voraussetzung für alles Folgende in den Mittelpunkt: Sie steht am Beginn eines Prozesses des allmählichen Verstehens. Dann folgt die Bildbeschreibung: Sie soll die Augen öffnen für das anschaulich Gegebene und das Wahrgenommene in Sprache umwandeln. Danach werden Gestaltungsmittel und mit ihnen verknüpfte Fachbegriffe vorgestellt – als Bausteine des Werkes, die einzelne Bildaspekte erschließen und erklären helfen. Erst ihre Gesamtschau führt zur Deutung des Bildes, die, wie Arnold Hauser bemerkt hat, zugleich subjektive wie zeitgebundene Motive mit einschließt. Diese zeigen sich auch in den verschiedenen Ansätzen einzelner bedeutender Interpretationsmodelle, die im zweiten Teil des Bandes vorgestellt werden. „Alle Parts zusammen, nämlich Beschreibung, Erklärung, Interpretation, sind Komponenten oder Phasen des Gesamtprozesses Auslegung", schrieb der Kunstwissenschaftler Ernst Rebel 1996. Daher sollen hier keine „Patentrezepte" angeboten werden, sondern Orientierungen für einen selbstständigen Umgang mit Kunstwerken:
– „Wege zur Kunst" stellt Schritt für Schritt wichtige Aspekte der Bildbetrachtung an Beispielen vor. Arbeitsaufträge helfen, diese zu erkennen und zu verstehen, systematisch anzuwenden und in ihrer Bedeutung abzuwägen. Schwerpunkte lassen sich anhand von Werkbetrachtungen vertiefen.
– „Wege zur Kunst" ist zugleich ein Lern- und Merkheft. Grundlagen und Definitionen zu den einzelnen Elementen einer methodischen Kunstbetrachtung sind durch Kästen farbig markiert und so aus dem Fließtext herausgehoben.
– „Wege zur Kunst" ist auch eine Art Nachschlagewerk, ein Lexikon. Es ist nicht alphabetisch geordnet, sondern nach formalen oder inhaltlichen Aspekten der Bildbetrachtung. Mit ▸ hervorgehobene Fachbegriffe werden im Zusammenhang des Fließtextes erläutert. Ein alphabetisch gegliedertes Register am Schluss hilft, die einzelnen Begriffe aufzufinden.

Der Autor wünscht den Leserinnen und Lesern, dass sie mithilfe des Heftes einen von Reflexion geleiteten Weg zur Kunst finden, der zugleich ihr persönlicher ist!

Bedingungen der Bildbetrachtung

Sehen als Prozess

Die Abbildung 1 illustrierte einen Text aus dem 17. Jahrhundert. Der Autor beschäftigte sich mit der Frage, wovon unsere visuelle Wahrnehmung und die von ihr abgeleitete Gewissheit unserer Erkenntnis abhängen. Für den Zeichner ergab sich die Schwierigkeit: Wie stelle ich unseren Hauptsinn, den Gesichtssinn, anschaulich dar, der es uns erlaubt, uns im Raum zu orientieren? Der Gelehrte Denis Diderot (1713–1784) bemerkte zu diesem Bild, dass es keine klarere Darstellung des Sehens gebe.

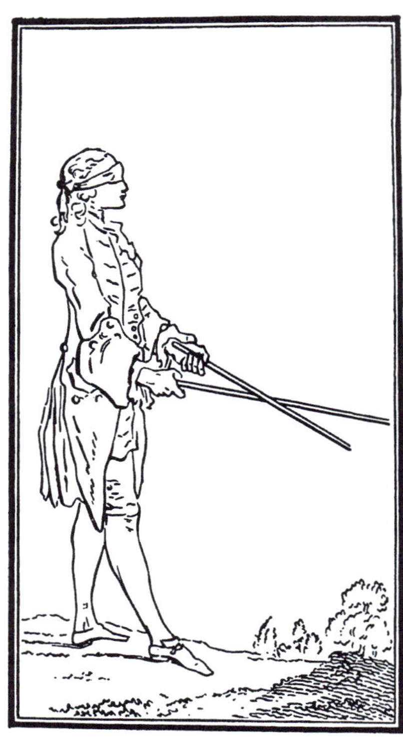

1 *Darstellung des Gesichtssinnes, die das Werk „Discours de la methode: La dioptrique" des Philosophen René Descartes (Erstausgabe 1637) illustrierte.*

Fixiert man das Kontrastgitter (2), so bewirkt sein Aufbau aus schwarzen Quadraten und trennenden weißen Streifen den sogenannten ▸ Sukzessivkontrast: Jeder Dauerreiz auf der Netzhaut führt im gereizten Feld zum Aufbau der Gegenfarbe (hier: Schwarz-Weiß). Durch Überlastung „fordern" die Rezeptoren im Auge – als Ausgleich gewissermaßen – ein negatives Nachbild und lassen uns etwas „sehen", was objektiv nicht da ist. Zwischen angrenzenden Bereichen unterschiedlicher Helligkeit (oder Farbigkeit) steigern sich die Kontraste zusätzlich an den Rändern der jeweiligen Zonen und es entsteht als Verstärkung der ▸ Randkontrast. Das Phänomen lässt sich auch in der Malerei beobachten, wo die Wahrnehmung jeder Farbe durch die unmittelbar angrenzende Nachbarfarbe beeinflusst wird. Daher sieht Gelb neben Violett anders aus als neben Grau.

Aber es gibt noch weitere, bei fast allen Menschen feststellbare Gesetzmäßigkeiten der Wahrnehmung, die uns anders und Anderes wahrnehmen lassen als das, was objektiv vorhanden ist. Unser Sehen wertet und selektiert. Bekannt ist vor allem die ▸ Prägnanztendenz [Prägnanz = Genauigkeit, Knappheit des Ausdrucks]. Sie bezeichnet die Tendenz unseres Gehirns, bruchstückhaft Wahrgenommenes zu bekannten Formen zu vervollständigen. Damit verwandt ist die Suche nach ▸ geschlossenen Formen, da man ▸ offene Formen im Sehvorgang weniger gut einordnen kann. Eine andere Gesetzmäßigkeit ist die ▸ Figur-Grund-Beziehung. So werden prägnante Formen als Figur (und damit als Wesentliches) wahrgenommen, während anderes als (Hinter-) Grund eingestuft wird (3 und 4). Diese unbewusst ablaufenden Sehfunktionen beeinflussen auch unsere Wahrnehmung von Kunstwerken.

**„Wahrnehmung ist mehr als das optische Sehen.
Es ist psychologische Funktion, die stark
von unseren Erfahrungen, den kulturellen Normen,
aber auch vom aktuellen Befinden
und den gegebenen Wahrnehmungsbedingungen
beeinflusst ist."**

Johannes Kirschenmann/Frank Schulz, Kunstdidaktiker (1999)

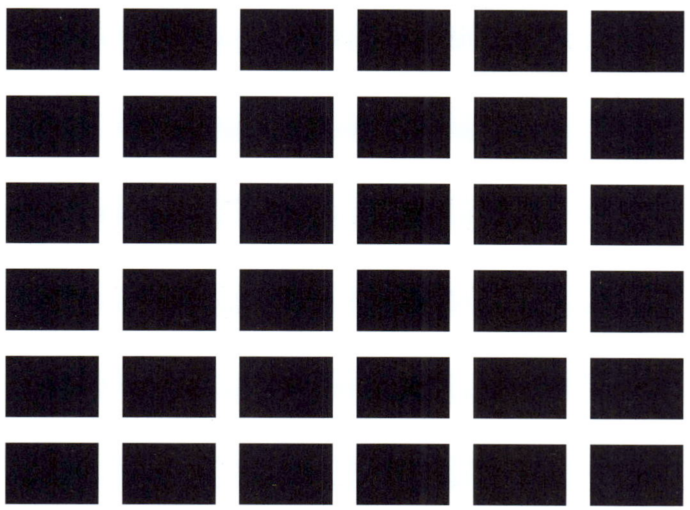

2 *Kontrastgitter. Die Kreuzungsstellen erscheinen dunkler als die weißen Streifen (Sukzessivkontrast).*

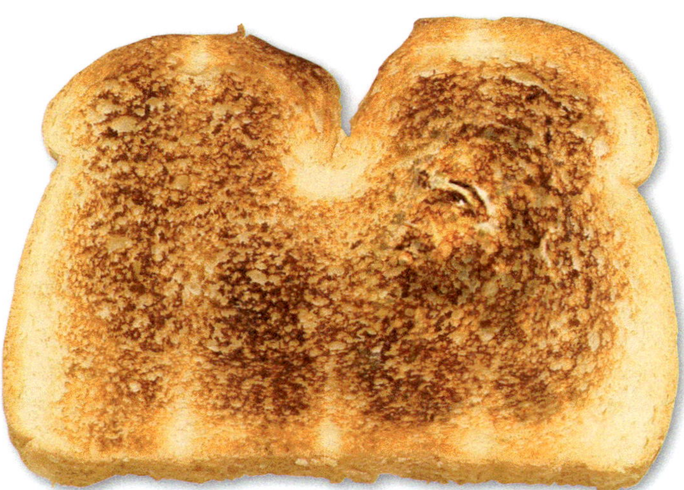

3 *Das angebliche Bildnis von Jesus auf einem Toast.*

```
MMMMMMMMMMMMMMMMRBMMMMMMMMMMMM
MMMMMMMMMMMMBXYVWVVRMMMMMMMMMM
MMMMMMMMMMMRWIYRBRXVRMMMMMMMMM
MMMMMMMMMMMMBXXBRRWWRRMMMMMMMM
MMMMMMMMMMMMMBRWVVRBBRMMMMMMMM
MMMMMMMMMMMBBRRRWWRBBBMMMMMMMM
MMMMMMMMBRBBRWXXVYVWBBBMMMMMMM
MMMMMMMMBWXYXRXXVXWRRRBMMMMMMM
MMMMMMMMBRVIIII+tYYYYRBBMMMMMM
MMMMMMMMBBRI+ii++i+tRBRBMMMMMM
MMMMMMMMBBBYtIt++ttYBMBMMMMMMM
MMMMMMMBRRBXtiiii;YBMBBMMMMMMM
MMMMMMMMRWRYII+++VRBBBBMMMMMMM
MMMMMMMBXtYt+i+tIYVXVi:,+XMMMM
MMMMMMBi;IYitttttttt+;:,,,IMMM
MMMMMBt;tIIIIIIIti++;;;;:::VMM
MMMMW::+iittIti++;;::;;;;::+BM
MMMB;::;+++++;;::::::;i+;;;;;WM
MBB+ .,:;::,....,::;iYt++;;+XM
BX;.  ..,...      .,;+tXIi++++YM
MMW+:.  .,;:.   .,:;;XIi++;+YM
MMMR+;:,,,;;:,,...,:+WYi++;+XM
MMMBt;+;::::,,....,,;tBVt++++XM
MMMBi+i;::::::::,.,:;VMXIi++iWM
MMMBYiti:,::;;:,,:;tBMWIti+tWM
MMMRIItIi;;;;;;::,;+VMMRYt++iWM
MMMYIItttti+::::,,:iXMMW+::;tBM
MMBtIVItti+;::,..,;YBX;::;iVMM
MMXIVVIIIi++;:,...,+I:::;iYBMM
MBIYXVtttti+;;;,.   ::::;iYBMMM
MViVRI+ii;;:::,.  .:,:;iXMMMMM
MIiVBt+i+;::,,...,,,:;tIMMMMMM
BI+tVttii;;:,,,,::,:+I+:IMMMMM
MV+iXVttt+;:::;;:::;i;:;+RMMMM
MWtYMMRYYt+++++;;;+iiIYXRMMMMM
MBYXBBBRBBRWXt;;;;+WMMMMMMMMMM
MMRRRBBRBBBBW;+++itRBViitXMMMM
MMMMMRBMMMMBRYttIYRW;::;;XMMMM
MMMMMRIYWBMBBXIYYVi:,,,,VtBMMM
MMMMMBYIIYVXWVYYXt::,,,Vt+BMMM
MMMMMMXYIYVVVIi+;itttii;;;BMMM
MMMMMMBVVVVVVIi+;;;;;;;;+iBMMM
MMMMMMMWVVXXXIti++;;;+++iYMMMM
MMMMMMMBXVXXXYtii+;;;++iIWMMMM
MMMMMMMMBXXXXVIii+;;;+itYMMMMM
MMMMMMMMMBXXXVIti++++iitWMMMMM
MMMMMMMMMMBWXXVYIttiitIYBMMMMM
```

4 *Alexej Shulgin: easylife XXX, Abbildung auf einer Website des Künstlers, 1997*

Arbeitsaufträge

1 Wie interpretiert der Zeichner der Abbildung 1 den Prozess des Sehens? Erläutern Sie anhand der Darstellung auch die Begriffe „Erkenntnis", „Vorstellung" und „Wahrheit".

2 Informieren Sie sich fachübergreifend über Möglichkeiten und Bedingungen unserer Wahrnehmung, z. B. in der (Neuro)-Biologie über binokulares Sehen oder Prozesse bei der Informationsverarbeitung in den primären Sehzentren und der Sehrinde, in der Physik über optische Phänomene und Gesetze.

3 Entwickeln Sie zeichnerische Beispiele für die Prägnanztendenz, für den Gegensatz zwischen offener und geschlossener Form, für verschiedenartige Figur-Grund-Beziehungen, für optische Täuschungen.

4 Erklären Sie das Zitat und belegen Sie Ihre Ausführungen mit Beispielen.

Die Kunst und ich

Der persönliche Zugang

Die Betrachtung eines Kunstwerkes ruft in uns spontane Reaktionen hervor. Ein Bild fordert heraus, ein anderes gefällt oder etwas in ihm fällt auf. Was auch immer es sei – es erzeugt einen emotionalen Widerhall in uns, einen unmittelbaren, körperlich gebundenen Ausdruck. Dieses Gefühl ist eine noch unverfälschte Mitteilung, eine in uns entstehende ursprüngliche Nachricht von uns an uns selbst.
Bemerkenswert ist, dass wir alle eine Veranlagung haben, gewisse Sinneseindrücke mit ähnlichen Stimmungswerten zu verbinden. So etwa empfinden die meisten Menschen die Farbe Rot als erregend. Es hängt dabei nicht nur vom Farbwert, sondern auch vom jeweiligen Zusammenhang ab, ob man mit Rot angenehme Assoziationen [Verknüpfungen von Vorstellungen, von denen eine die andere hervorruft] wie Wärme verbindet oder aber Gefahr. Eine mögliche Erklärung für diese Tatsache findet der Kunsthistoriker Ernst Gombrich in unserer Prägung durch „angeborene Ur-Reaktionen, die zutiefst mit dem biologischen Kampf ums Dasein verknüpft sind".

Der erste subjektive Eindruck

Die von einem Kunstwerk erzeugte – zunächst unbewusste – Wirkung ist der subjektiv-emotionale Teil unserer ▸ Rezeption [lateinisch receptore: bei sich aufnehmen]. Vor einer eingehenderen analytischen Beschäftigung mit einem Werk sollte der erste subjektive Eindruck unbefangen mit wenigen Sätzen festgehalten werden. Auf diese Weise erfährt man etwas über die ▸ Anmutungsqualität eines Kunstwerkes, seine ihm innewohnende Stimmung und Ausstrahlung, die sich als seelische Wirkung unmittelbar in der Reaktion des Betrachters spiegelt. Die spontanen Äußerungen können zu einem späteren Zeitpunkt, im Zuge der Untersuchung des Werkes, zur formalen Gestaltung desselben in Beziehung gesetzt, überprüft oder auch relativiert werden.

Zwischen Gefallen und Missfallen

Von ersten emotionalen Reaktionen unterscheiden sollte man Wertungen zu Beginn einer Bildbetrachtung: Urteile auf der Grundlage von scheinbar rein persönlichen Aspekten wie „Gefallen" oder „Geschmack" sind stark durch die jeweilige Sozialisation geprägt. Hier spielt der Kulturkreis, in dem man aufwächst, ebenso eine Rolle wie die soziale Schicht, Familie, Freunde oder zeitgebundene Konventionen wie Mode, Werbung usw. So kann der Einzelne bemerken, wie sich Wertvorstellungen und damit sein Urteil über gewisse Dinge im Laufe der Zeit ändern: Was ich vor ein paar Jahren noch gut fand, gefällt mir heute nicht mehr. Erwartungen, mit denen Betrachter Kunstwerken begegnen, können sich entsprechend deutlich voneinander unterscheiden.
Äußerungen von Künstlern und Philosophen zu dem Problem, was Kunst oder auch was schön sei, finden sich bereits seit der Antike. Die folgenden Aphorismen [geistreiche Gedanken] geben verschiedene Standpunkte wieder:

„Wer mir sagen kann, warum ein Bild schön ist, dem bezahle ich eine Flasche."
Edgar Degas, französischer Maler (1834–1917)

„Die Kunst ist lange bildend, ehe sie schön ist."
Johann Wolfgang von Goethe, deutscher Dichter (1749–1832)

„Kunst: Verzierung der Welt."
Wilhelm Busch, deutscher Zeichner (1832–1908)

„ALLES ist Kunst, was als Kunst begriffen wird."
*Timm Ulrichs, deutscher Künstler (*1940)*

„Das Äußere der Kunstform ist ihr Inneres."
August Macke, deutscher Künstler (1887–1914)

„Das Schlichte ist in allen Künsten das Schönste."
Martin Luther, deutscher Kirchenreformator (1483–1546)

„Ein Spiel mit ernsten Problemen. Das ist Kunst."
Kurt Schwitters, deutscher Künstler (1887–1948)

(Zitiert nach: Yvonne Schwarzer (Hrsg.): Jedes echte Kunstwerk hat soviel Daseinsberechtigung wie Erde und Sonne. Aphorismen und Zitate aus dem Reich der Kunst, Witten: Westerweide Verlag 2002, S. 22 ff.)

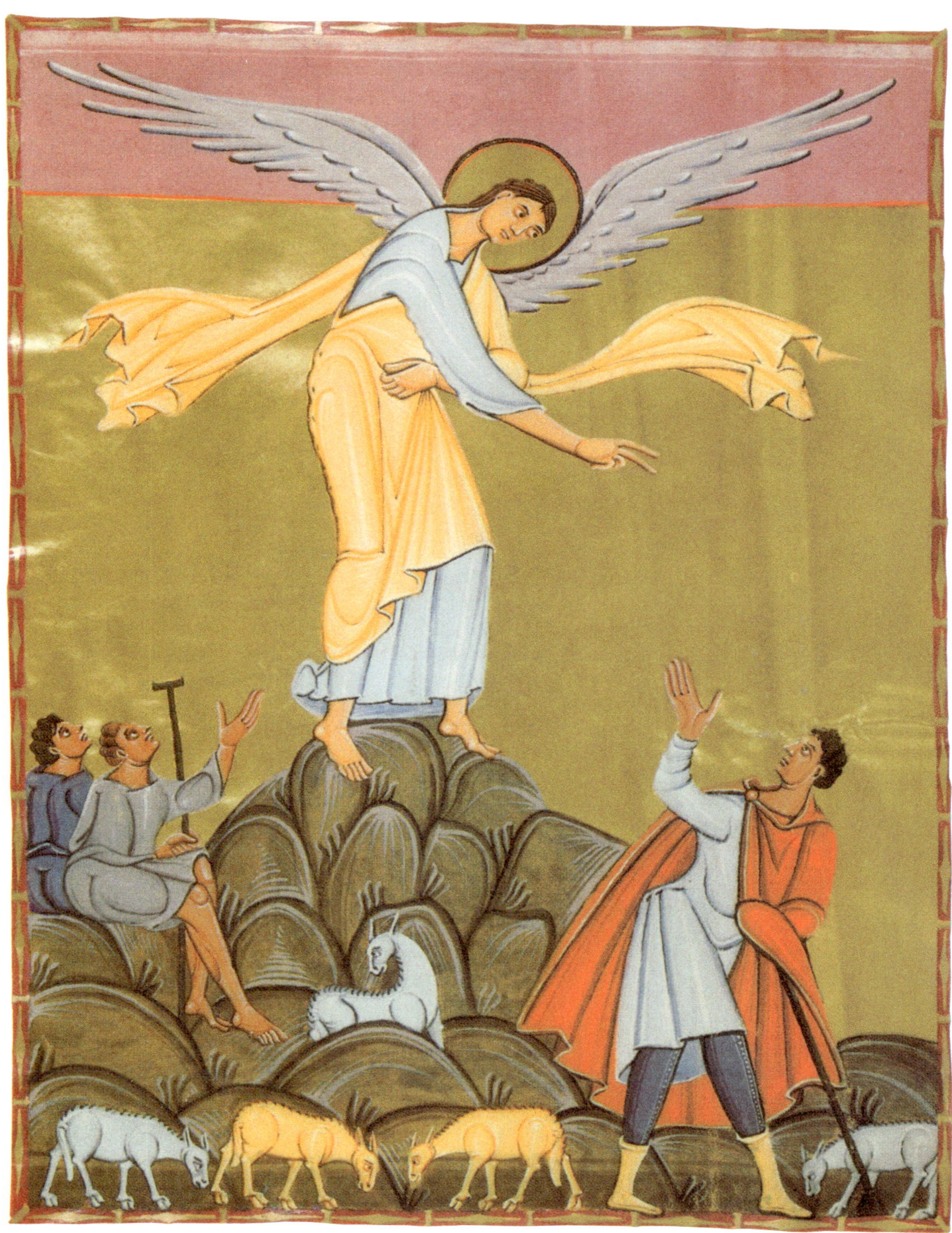

1 *Reichenauer Werkstatt: „Die Verkündigung an die Hirten", um 1007, Buchmalerei aus dem Perikopenbuch Kaiser Heinrichs II., Pergament, 42,5 x 32 cm. München, Bayerische Staatsbibliothek*

Arbeitsaufträge

1 Beschreiben Sie Ihren ersten Eindruck zur Buchmalerei durch Sammeln von Adjektiven.

2 Entscheiden Sie sich spontan für ein Kunstwerk aus diesem Band und formulieren Sie in Stichworten Ihren ersten Eindruck des Werkes. Stellen Sie sich gegenseitig die Anmutungsqualitäten Ihrer Bilder vor und diskutieren Sie diese. Was mag Ihre Auswahl beeinflusst haben?

3 Welches der Zitate trifft Ihre Erwartungen an Kunst? Erläutern Sie!

Bildbeschreibung: Kunstbeschreibung oder Beschreibungskunst?

Die Gemälde der griechischen Antike sind im Laufe der Zeiten verloren gegangen; nur wenige, wie die abgebildete Wandmalerei, sind – meist bruchstückhaft – durch Kopien in römischen Mosaiken oder als Zitate auf Vasendekor überliefert. Und doch leben Werke aus hellenistischer Zeit weiter in der ersten erhaltenen Sammlung von lehrhaften Bildbeschreibungen, den „Eikones", griechisch für „Bilder", des Schriftstellers Philostratos aus dem zweiten Jahrhundert n. Chr. Er beschreibt die Wandmalereien eines Hauses in Neapel, einer griechischen Kolonie in Süditalien.

In der imaginären „Galerie" des Philostratos findet sich ein Bild mit dem Titel „Sumpflandschaft":

Der Grund ist feucht und trägt Rohr und Schilf, wie sie der fruchtbare Sumpfboden ohne Saat und Bestellung aufgehen lässt; auch Tamariske und Zyperngras sind dargestellt, denn auch diese wachsen im Sumpf. Himmelhohe Berge erheben sich ringsum, doch nicht von einer Art; die einen nämlich, die Föhren tragen, deuten auf leichten Boden, die anderen, reich an Zypressen, zeugen von tonigem Erdreich, und die Tannen dort, was anderes sagen sie, als dass der Berg vom Sturm gepeitscht und rau ist? [...] Von den Bergen sprudeln Quellen, die beim Herabfließen ihr Wasser vereinen: Die Ebene wird durch sie zum Sumpf, nicht aber zum ungegliederten, breiigen Morast, nein, der Maler hat das Wasser so durch ihn geleitet, wie es auch die allweise Natur getan hätte; es schlängelt sich in vielen mit Eppich [Rankpflanzen] überwucherten Mäandern, in denen die Wasservögel gut schwimmen können. Du siehst wohl die Enten, wie sie auf der Wasseroberfläche gleiten und gleichsam Wasserbahnen aufwühlen. Und wie steht's mit dem Gänsevolk? Natürlich sind auch sie ganz nach der Natur gemalt, wie sie auf der Wasserfläche dahinschwimmen. Die langbeinigen Tiere dort mit ihren überlangen Schnäbeln erkennst du gewiss als Fremdlinge an ihren zarten Farben; jeder hat anderes Gefieder; auch ihre Stellungen sind verschieden: Der eine nämlich, auf einem Felsen, lässt erst einen, dann den anderen Fuß ausruhen, ein anderer lüftet sein Gefieder, der Dritte putzt es, der da hat etwas aus dem Wasser gefischt, der wieder hat sich zur Erde geneigt, um dort etwas aufzupicken.

Dass aber die Schwäne von Eroten [kindlichen Liebesgöttern] geritten werden, ist kein Wunder; denn diese Götter sind mutwillig und spielen schrecklich gerne mit den Vögeln; daher dürfen wir weder an diesem „Rennen" achtlos vorbeigehen noch am Wasser selbst, worauf es stattfindet. Denn dies Wasser ist das Schönste an dem Sumpf, weil es unmittelbar aus einer Quelle kommt und sich zu einem wunderschönen Schwimmbecken sammelt. Denn mitten im Wasser schwanken Amarantenbüschel hin und her, liebliche Blütenähren, die ihre Blättchen auf das Wasser streuen. Um sie herum lenken Liebesgötter die heiligen Vögel an goldenem Zügel; der eine lässt den Zügel völlig schießen, der andere zieht ihn straff, der hier kehrt um, und jener lenkt schon um das Ziel, und du kannst dir einbilden zu hören, wie sie die Schwäne antreiben, einander drohen und sich necken; denn das liest man aus ihren Mienen. [...]

Rings an den Ufern stehen die musikalischen Schwäne und stoßen wohl, wie es zum Wettkampf passt, hellen Singruf für die Wettkämpfer aus. Als Beweis, dass sie singen, siehst du dort den geflügelten Knaben; es ist Zephyros [ein Windgott], der den Schwänen den Ton für ihr Lied angibt; er ist zart und anmutig gemalt, um den leichten Hauch erraten zu lassen, und die Schwäne haben ihre Flügel entfaltet, um den Wind einzufangen.

Schau! Sogar ein Fluss strömt still aus dem Sumpf, breit und mit leichtem Wellenschlag; Ziegen- und Schafhirten überschreiten ihn auf einem Steg. Wenn du den Maler für die Ziegen lobst, weil er sie lustig springend malte, oder für die Schafe, weil ihr Gang schwerfällig ist, als sei ihnen das Vließ zur Last, oder wenn wir die Hirtenflöten oder ihre Bläser beschreiben wollten, wie sie mit zusammengepressten Lippen blasen, so rühmen wir nur einen kleinen Vorzug des Bildes und nur, was zur Nachahmung gehört, lobten aber nicht den tieferen Sinn und den glücklichen Griff, und die sind doch das Entscheidende an der Kunst.

Worin liegt nun der Sinn? Der Künstler hat einen Palmensteg über den Fluss gelegt und verbindet damit einen sehr schönen Gedanken. Weil er nämlich wusste, was man von den Palmen sagt:

„Alles kunstgeschichtliche Verhalten hebt mit dem Sehen an und findet im Beschreiben sein natürliches Ziel. Das Sehen ist die Voraussetzung für das Beschreiben, das Beschreiben die Kontrolle des Sehens."
Wilhelm Waetzold, Kunsthistoriker (1880–1945)

„Unter Bildbeschreibung verstehen wir die hinreichend ausführliche, genaue und folgerichtige Nachformulierung von Inhalt und Form eines Kunstwerks."
Ernst Rebel, Kunsthistoriker (1996)

dass die eine von ihnen männlich, die andere weiblich sei, und weil er von ihrer Vermählung hörte: dass die männlichen Bäume sich die weiblichen vermählen, indem sie diese mit ihrem Gezweig umarmen und sich über sie hinneigen, malte er von jedem Geschlecht einen Baum auf jedes Ufer; da neigt sich nun der männliche Baum liebend hin und wirft sich über den Fluss; weil er aber den weiblichen, der noch zu weit absteht, nicht erreichen kann, liegt er nun da und tut Knechtdienste als Steg über das Wasser und bietet den Hinübergehenden Sicherheit, weil seine Rinde rau ist.

(Philostratos: Die Bilder. Nach Vorarbeiten von Ernst Kalinka herausgegeben, übersetzt und erläutert von Otto Schönberger. Würzburg: Königshausen und Neumann Verlag 2004, S. 107–111)

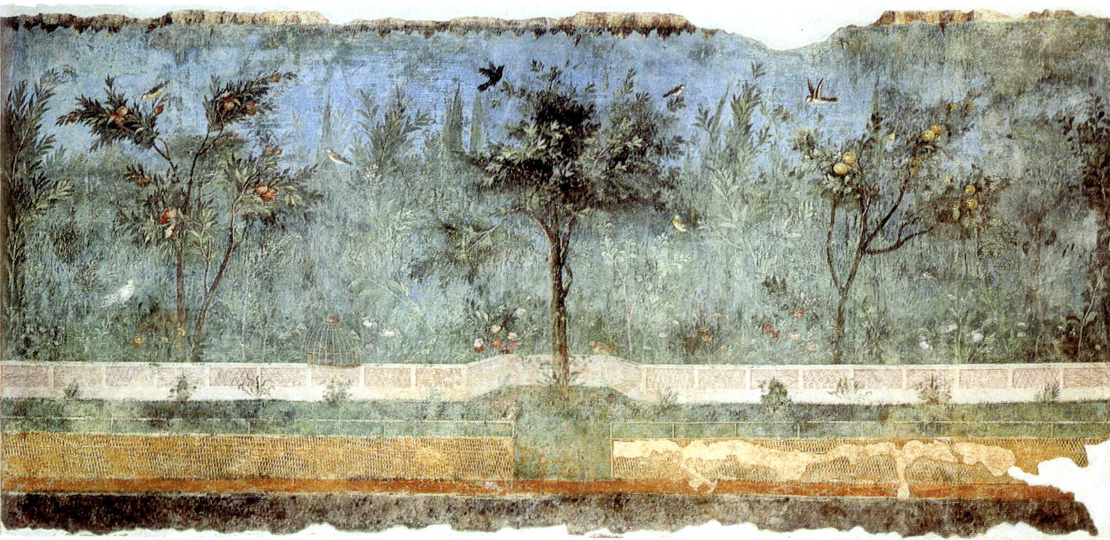

1 *Römische Wandmalerei aus der Villa der Livia in Primaporta. 1. Jh. v. Chr. Rom, Museo Nationale Romano. Ähnlich ausgeführt war vermutlich die von Philostrat beschriebene „Sumpflandschaft".*

Wahrnehmen und in Worte fassen

Die gegenwärtige Kunstwissenschaft stellt Bildbeschreibungen die äußere Bestandaufnahme (Material, Bildträger, Technik, Maße, Format etc.) voran. Die Beschreibung orientiert sich an der Leitfrage: „Was ist dargestellt?" Dabei wird auch Kennzeichnendes einzelner Motive benannt. Die Sprache (im Präsens) sollte sachorientiert, treffend und aussagekräftig sein; sie ist auf das jeweilige Werk abzustimmen. Seitenbenennungen im Bild (rechts – links) erfolgen zumeist vom Betrachter aus, bei räumlichen Darstellungen kann die Abfolge der Bildgründe (von Vorder- zu Mittel- und Hintergrund als Orientierung dienen.

Eine gute Bildbeschreibung …

ist …
- aktiv,
- anschaulich,
- konkret,
- genau,
- nicht Aufzählung, sondern Erzählung.

erfordert …
- bewusstes Sehen,
- Sinn für das Ganze (Beziehungsgeflecht der einzelnen Bildelemente),
- Auswahl und Einordnung von Details in größeren Zusammenhang (vom Wichtigsten ausgehend z. B. der Hauptperson),
- Ausdrucksfähigkeit.

erreicht …
- geschärfte Wahrnehmung komplexer Strukturen,
- Erkenntnis der Zusammenhänge,
- Nachprüfbarkeit und Gültigkeit,
- Ansätze zur (späteren) Deutung.

Arbeitsaufträge

1 Rekonstruieren Sie in einer Skizze das Bild „Sumpflandschaft" nach den Angaben des Philostratos. Vergleichen Sie untereinander Ihre Ergebnisse und suchen Sie nach Gründen für die individuellen Abweichungen.

2 Überprüfen Sie Philostratos' Ausführungen auf die zusammengefassten Kriterien zur Bildbeschreibung.

3 Erläutern und überprüfen Sie die Aussagen der Kunsthistoriker Wilhelm Waetzold und Ernst Rebel.

4 Fertigen Sie eine Bildbeschreibung eines selbst gewählten Werkes aus diesem Band an.

Die bildnerischen Mittel

Der materielle Bestand eines Bildes

Werkangaben

Die Bildlegenden enthalten nähere Angaben zu einem Gemälde in einer festgelegten Reihenfolge: Künstler (falls bekannt, sonst „Notname"), Titel, Entstehungsjahr (oder ungefährer Entstehungszeitraum), Maltechnik (Bindemittel und Bildträger), Format (Maßangaben in Höhe mal Breite), jetziger Standort des Werkes (Ort und Institution/eventuell nicht näher bezeichneter Privatbesitz).

Die Kategorien der äußeren Bestandsaufnahme helfen, ein Werk kunstgeschichtlich einzuordnen, zuzuschreiben und zu lokalisieren. Sie geben Hinweise auf seine materiellen Grundlagen und tragen damit zum Verstehen des Werkes bei. Denn die Wahl einer handwerklichen Technik, eines Materials oder eines Formats durch den Künstler ist zweckgerichtet. Sie eröffnet ihm besondere Ausdrucksmöglichkeiten und lässt daher Rückschlüsse auf seine künstlerischen Absichten zu.

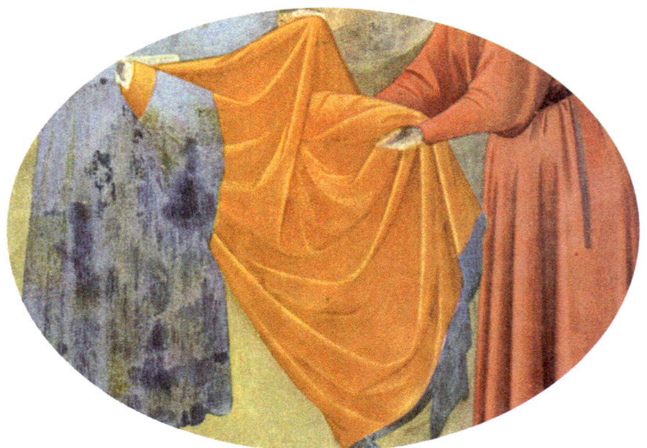

1 *Fresko*

Bildträger und Maltechniken

Die ältesten erhaltenen Bildwerke sind Wandmalereien, unlösbar mit Decke oder Wand verbundene Werke. Wurde das Wandbild in einzelnen Tagwerken unmittelbar auf die noch feuchte Putzschicht gemalt, so spricht man von einem Fresko [italienisch: frisch], im Gegensatz zum Secco, dem auf getrockneten Grund gearbeiteten Gemälde.
Vor allem aus mittelalterlicher Zeit sind aber auch Buchmalereien überliefert. Die Buchmalerei wurde in den Klöstern gepflegt, wo kunstfertige Mönche handgeschriebene Texte mit Illuminationen illustrierten. Das Bild als Teil der Buchgestaltung kann als ganzseitige Miniatur oder als Bildschmuck im Zusammenhang einer Textseite erscheinen.

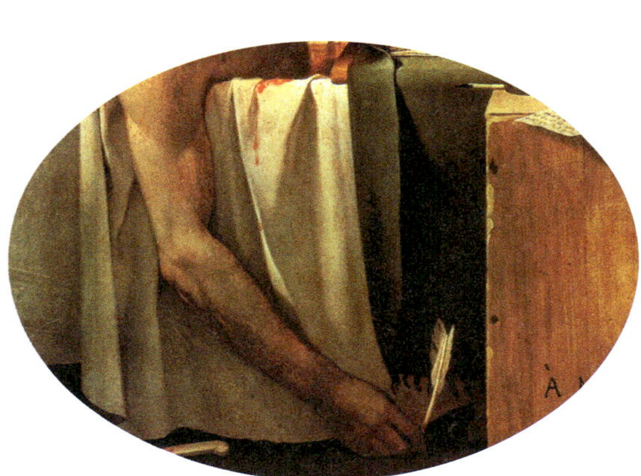

2 *Tafelbild*

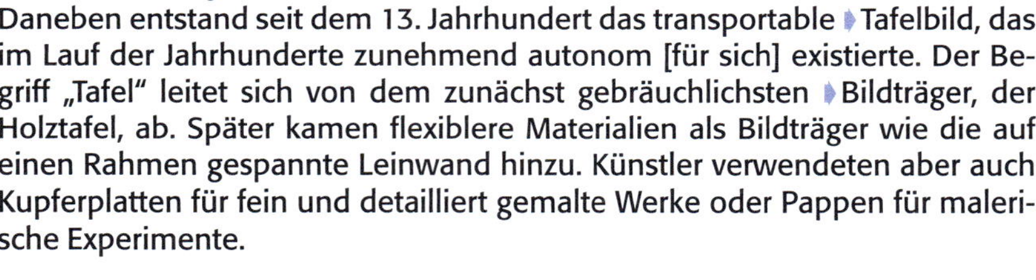

Daneben entstand seit dem 13. Jahrhundert das transportable Tafelbild, das im Lauf der Jahrhunderte zunehmend autonom [für sich] existierte. Der Begriff „Tafel" leitet sich von dem zunächst gebräuchlichsten Bildträger, der Holztafel, ab. Später kamen flexiblere Materialien als Bildträger wie die auf einen Rahmen gespannte Leinwand hinzu. Künstler verwendeten aber auch Kupferplatten für fein und detailliert gemalte Werke oder Pappen für malerische Experimente.

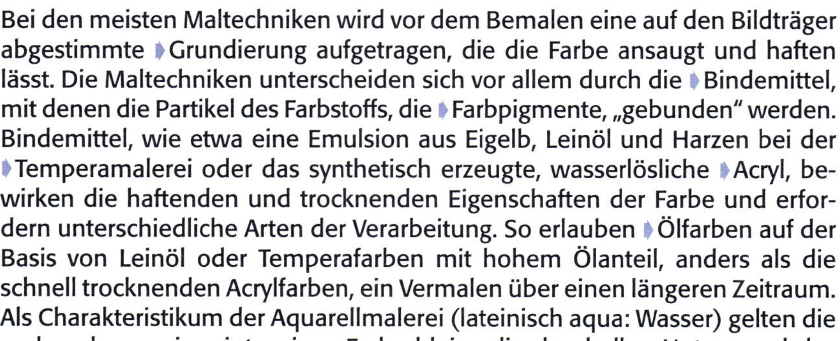

Bei den meisten Maltechniken wird vor dem Bemalen eine auf den Bildträger abgestimmte Grundierung aufgetragen, die die Farbe ansaugt und haften lässt. Die Maltechniken unterscheiden sich vor allem durch die Bindemittel, mit denen die Partikel des Farbstoffs, die Farbpigmente, „gebunden" werden. Bindemittel, wie etwa eine Emulsion aus Eigelb, Leinöl und Harzen bei der Temperamalerei oder das synthetisch erzeugte, wasserlösliche Acryl, bewirken die haftenden und trocknenden Eigenschaften der Farbe und erfordern unterschiedliche Arten der Verarbeitung. So erlauben Ölfarben auf der Basis von Leinöl oder Temperafarben mit hohem Ölanteil, anders als die schnell trocknenden Acrylfarben, ein Vermalen über einen längeren Zeitraum. Als Charakteristikum der Aquarellmalerei (lateinisch aqua: Wasser) gelten die mehr oder weniger intensiven Farbschleier, die den hellen Untergrund des Papiers durchscheinen lassen.

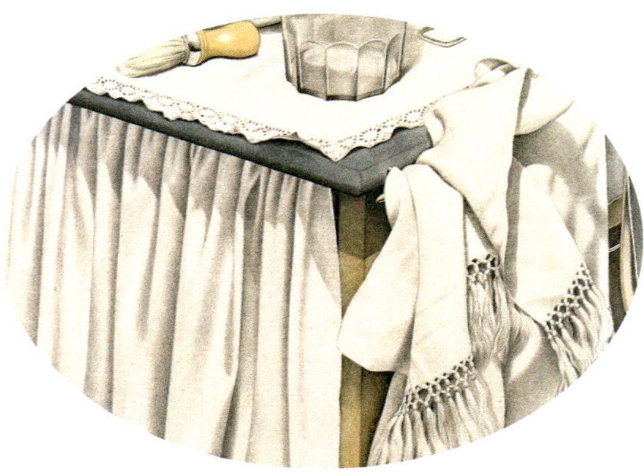

3 *Aquarell*

Das Format

Die Bildfläche, der „Ort" der Malerei, ist in ihrer Ausdehnung begrenzt in Höhe und Breite und wird in ihren Maßen möglichst genau angegeben. Und doch handelt es sich beim Format eines Bildes um mehr als um die Flächenmaße in Zentimetern – es ist zugleich die besondere, charakteristische Gestalt der Bildfläche.
Je nach Größe eines Werkes wird der Betrachter auf einen Wahrnehmungsstandpunkt von nah bis fern festgelegt, will er die Einzelheiten des Werkes erfassen. Die am häufigsten verwendeten Formate haben eine mittlere Größe. Beträgt die Seitenlänge eines Bildes jedoch weniger als etwa 50 cm, erfordert das Bild die physische Annäherung des Betrachters, denn die Details eines ▸ Kleinformates erschließen sich dem Auge erst aus der Nähe. Diese Nähe ist es, die eine persönliche, individuelle Auseinandersetzung mit der Darstellung ermöglicht. ▸ Großformate hingegen, die das Körpermaß eines Menschen überschreiten, lassen sich nur bei größerem Abstand ganz erfassen. Sie überwinden die klare Grenze zwischen dem Ich als Betrachter und dem Bild als Gegenüber. Diese Werke lassen sich auch physisch erleben, sie sprechen unmittelbar unser Körpergefühl an und entfalten dadurch oft eine beeindruckende Wirkung.

Funktionen der Flächengestalt

Das ▸ Hochformat wirkt aufrecht stehend und damit aktiv, sogar aufsteigend. Es begünstigt den Eindruck von vertikaler Bewegung oder Wachstum, aber auch von Hervorhebung und Nähe, z. B. beim Einzelporträt.

Das ▸ Querformat wirkt liegend, lastend und damit passiv oder gar schwer. Es suggeriert Ruhe oder eine waagerechte Bewegung, eine Ausbreitung und Tiefe; nutzbar sind diese Aspekte z. B. bei der Landschaftsmalerei.

Das ▸ Quadrat, ein eher selten genutztes Format, zeigt keine betonte Richtung und weist somit die den anderen Formaten innewohnenden Spannungen nicht auf. Es wirkt ausgewogen, neutral, ruhig und unbewegt.

Das kreisrunde Format, der sogenannte ▸ Tondo (Plural: Tondi), zeigt ähnlich wie das Quadrat ein ruhendes und – als markante Besonderheit – in sich geschlossenes Gefüge.

Das ▸ Oval, ein zur Ellipse gespannter Kreis, wirkt demgegenüber dynamischer und erzeugt als Bildformat ein eher schwebendes Gleichgewicht.

Die ▸ Lünette besteht aus einem Rechteck mit einem halbkreisförmigen Abschluss oben und findet sich vor allem bei Altartafeln.

Die ▸ Shaped Canvas („geformte Leinwand") ist eine Erfindung der modernen Kunst. Ihr Format folgt dem äußeren Rand der Darstellung selbst.

Ungegliederte Formate, wie ▸ Höhlenmalereien oder ▸ Graffitis, überlagern sich häufig und haben oftmals keine eindeutige Richtung und Ausdehnung.

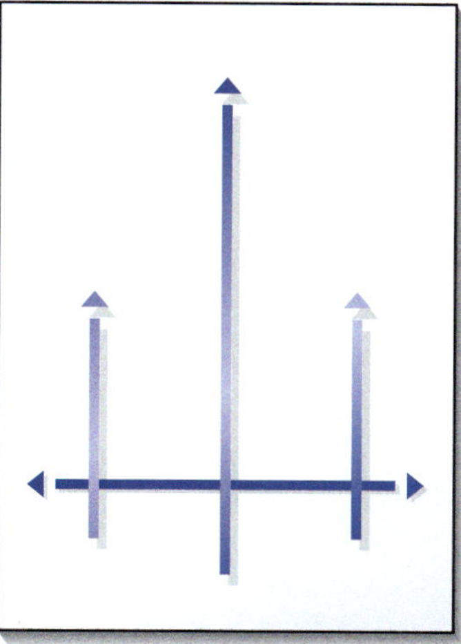

4 *Hochformat*

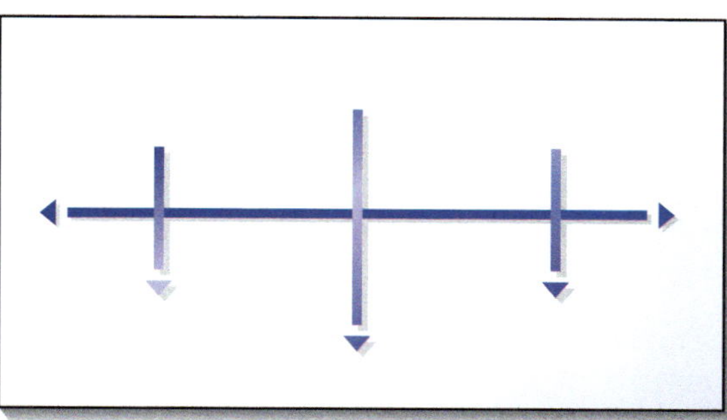

5 *Querformat*

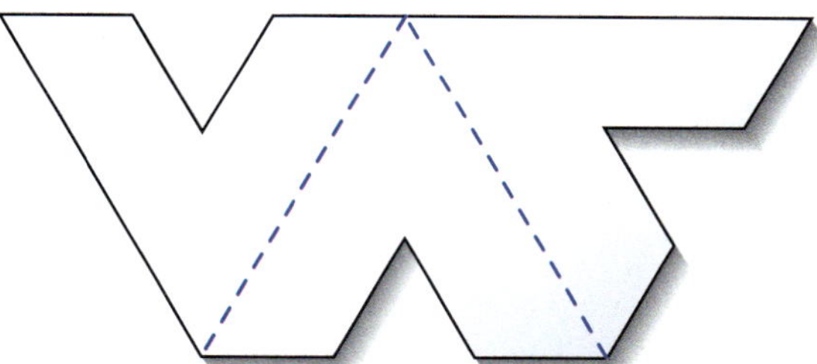

6 *Shaped Canvas. Umrisszeichnung nach einem Werk des amerikanischen Künstlers Frank Stella.*

Arbeitsaufträge

1 Suchen Sie in diesem Band nach Beispielen für verschiedene Materialien und Techniken. Kennzeichnen Sie im Vergleich die jeweiligen Wirkungen.

2 Erproben Sie praktisch an einem einfachen Motiv wie Wolken die Wirkung unterschiedlicher Bildträger, z. B. Papier, Karton und ungrundiertes Tuch.

3 Erläutern Sie die Auswirkungen der Formatwahl für das Kunstwerk an Beispielen aus diesem Band.

4 Schneiden Sie ein einzelnes Motiv aus einer Zeitung aus, z. B. „Vogel" oder „Mann". Suchen Sie nach einem geeigneten Format für Ihr Motiv und begründen Sie Ihre Wahl.

Die Komposition

Kompositon
[lateinisch componere: zusammenstellen/-setzen]:

Die Komposition eines Bildes umfasst die künstlerische Organisation der Bildfläche, im Besonderen die Anordnung der Motive auf der Fläche, ihre Beziehungen untereinander, zu den Bildachsen und zum Bildformat. Aus den mannigfaltigen Möglichkeiten, die Bildelemente unterschiedlich anzuordnen, hat sich der Künstler für eine bestimmte Komposition entschieden. Wird sie als Prinzip des Bildaufbaus erkannt, offenbart sie die Ordnung innerhalb des Werkes und zeigt, welche formale Struktur dem Inhalt seine besondere Gestalt gibt. Aus der Erkenntnis von Gesetzmäßigkeiten im formalen Aufbau eines Kunstwerkes lassen sich Rückschlüsse auf die Auffassung eines Bildthemas ziehen. Finden sich in vielen Werken eines Zeitraumes ähnliche Kompositionsschemata, zeigt sich darüber hinaus die spezifische Auffassung einer Epoche, eines Stils.

„Die aus der Wortbedeutung [componere: zusammensetzen] abgeleitete Definition lässt außer Acht, dass beim Kunstwerk das Ganze vor seinen Teilen da ist, wie der Satz vor den Wörtern.“
Johannes Jahn, Kunsthistoriker (1983)

„Ein Bild ist nicht von vornherein ausgedacht und festgelegt. Während man daran arbeitet, verändert es sich in gleichem Maß wie die Gedanken.“
Pablo Picasso, Künstler (1881–1973)

Kompositionsformen

Besondere (und für verschiedene Epochen typische) Kompositionsformen, mit denen Ausdrucksqualitäten wie Ruhe, Bewegtheit, Dynamik erzielt werden können, sind:

- der goldene Schnitt: die geometrische und als harmonisch empfundene Teilung einer Linie oder Fläche, sodass der kleinere Teil sich zum größeren verhält wie der größere zum Ganzen,
- die Isokephalie: die Reihung einer Figurengruppe in gleichbleibender Kopfhöhe,
- die Figura piramidale: die sich in ein gleichschenkeliges oder gleichseitiges Dreieck einfügende Anordnung einer Figurengruppe,
- die Figura serpentinata [italienisch serpentino: schlangenartig]: die sich um eine imaginäre Achse spiralförmig emporschraubende Komposition einer Figur oder Figurengruppe.

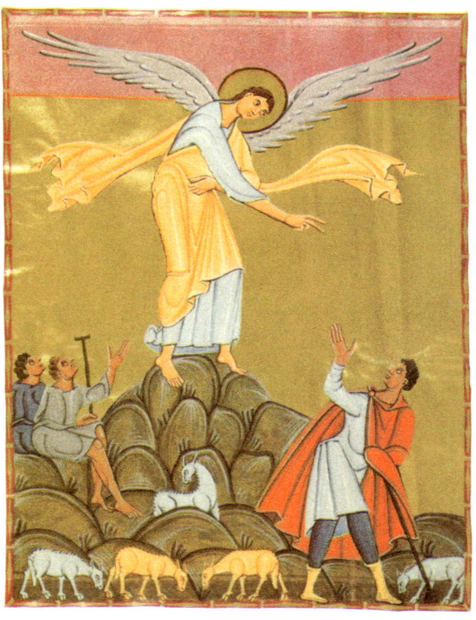

1 *Reichenauer Werkstatt: Die Verkündigung an die Hirten, um 1007 (s. S. 9), hier mit eingezeichneten Kompositionslinien*

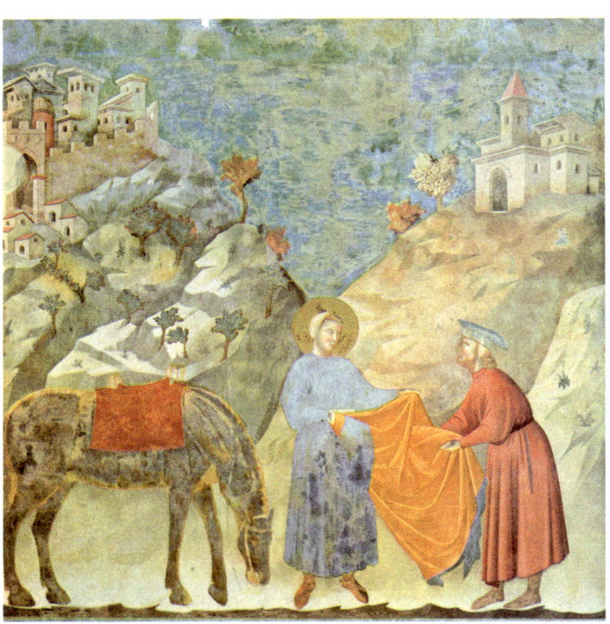

2 *Giotto: Der heilige Franz von Assisi schenkt seinen Mantel einem Armen, vor 1300, Fresko. Assisi, Oberkirche von San Francesco*

Die Kompositionsskizze

Die wesentlichen Merkmale des Bildaufbaus lassen sich mithilfe einer ▸Kompositionsskizze veranschaulichen. Sie spürt Schwerpunkten und Beziehungen im komplexen Bildgefüge nach und gibt sie vereinfachend als geometrische Grundelemente wieder. Damit verdeutlicht sie die wesentlichen Strukturen der Bildkomposition, die Ordnungsprinzipien, die das Bildganze beherrschen.
Die Kompositionsskizze orientiert sich einerseits an sichtbaren dominanten Linien, etwa an scharfen Grenzen zwischen stark kontrastierenden Farbflächen oder Formgegensätzen; weniger markante Einzelheiten hingegen werden zusammenhängenden Bildzonen untergeordnet und nicht dargestellt. Andererseits aber sucht die Kompositionsskizze auch nach „gedachten" Linien, etwa nach solchen, die die Grenze zwischen bestimmenden Helligkeitsbereichen markieren, oder nach solchen, die aufeinander bezogene Motive verbinden. Dazu gehören auch Richtungsbezüge. Symmetrien um die Bildachsen als „gedachte" Linien sind besonders häufig, vor allem entlang der ▸Mittelsenkrechte und der ▸Waagerechte. Der Formatbezug zu den seitlichen Rändern spielt dabei eine Rolle, ebenso kann die Bildmitte von zentraler Bedeutung für die Komposition sein.
Aber auch die ▸Diagonale beherrscht in manchen Fällen ein Bild: Entscheidend ist, ob man sie als steigend oder fallend wahrnimmt. Je nach Anlage des Bildes lassen sich anhand der Skizze unterschiedliche Beziehungsgefüge erkennen, z.B. Symmetrie oder Asymmetrie, Gleichgewicht oder Spannung/Dynamik, Hierarchie oder Gleichrangigkeit, Schwerpunktbildung/Akzent oder offenes Gefüge.

Bildachsen:

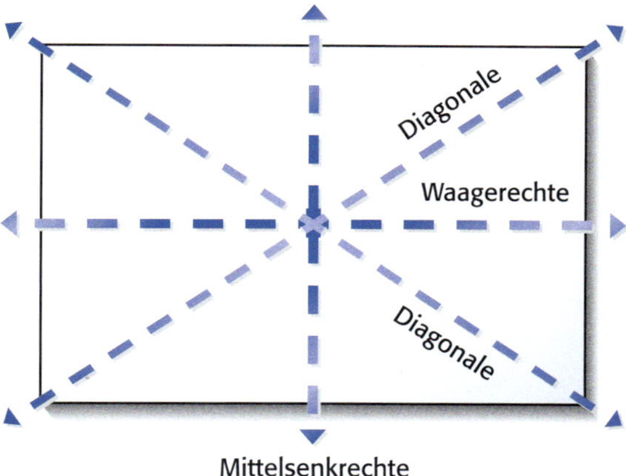

Arbeitsaufträge

1. Fertigen Sie für die abgebildeten Werke Kompositionsskizzen und erläutern Sie anhand dieser den formalen Aufbau der Werke. Was machen die Skizzen über den jeweiligen Bildinhalt deutlich?
2. Überlegen Sie, was das Fehlen von erkennbaren Kompositionsprinzipien bei einem Kunstwerk bedeuten könnte.
3. Erläutern Sie die Bedeutung der beiden Zitate für das Verständnis einer Komposition.

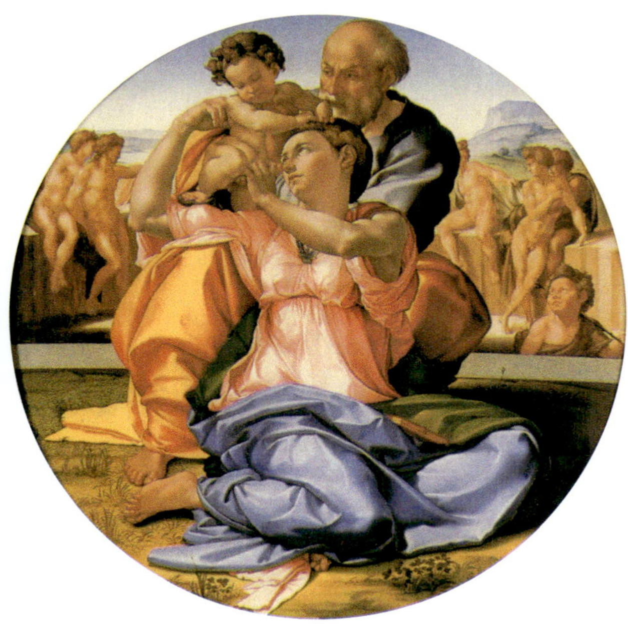

3 *Michelangelo: Die Heilige Familie mit dem heiligen Johannes (Tondo Doni), 1503/1504, Durchmesser 120 cm, Tempera auf Holz. Florenz, Uffizien*

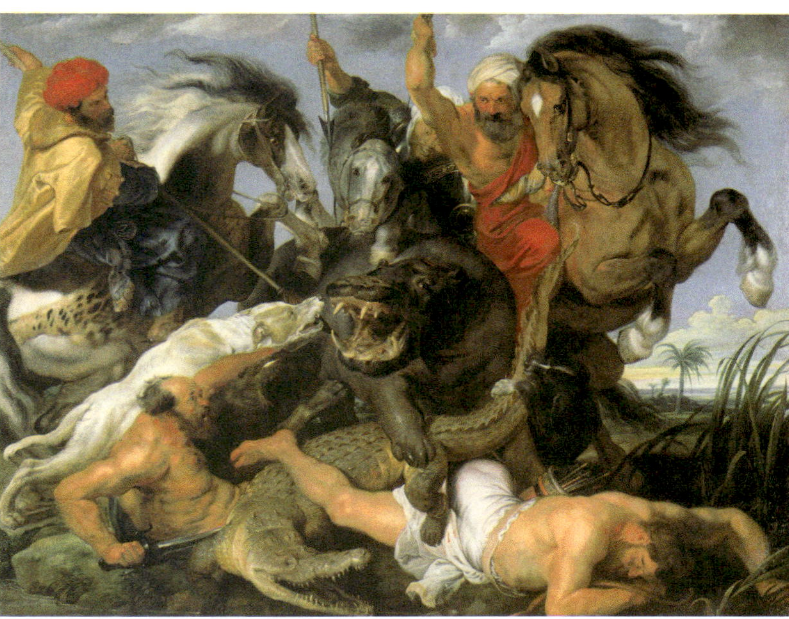

4 *Peter Paul Rubens: Jagd auf Nilpferd und Krokodil, 1615/16, Öl auf Leinwand, 247 x 321 cm. München, Alte Pinakothek*

Werkbetrachtung
Piet Mondrian: Komposition in Gelb und Blau

„Kunst als reine Gestaltung des menschlichen Geistes kommt in einer rein ästhetisch gestaltenden, in einer abstrakten Erscheinung zum Ausdruck.“
Piet Mondrian

„Die Komposition lässt dem Künstler die größtmögliche Freiheit zur Subjektivierung.“
Piet Mondrian

Der niederländische Künstler Piet Mondrian (1872–1944) leitete seine Bildmotive zunächst von Vorbildern aus der Natur ab, deren Farben und Formen er in einem Prozess der Abstraktion immer stärker reduzierte. Um 1915 gelangte er zu Bildern, die sich aus geometrischen Formen und einer sehr eingeschränkten Farbpalette aufbauten. Als Gründungsmitglied der Künstlergruppe „de Stijl" arbeitete er seit 1917, noch während die Menschen in Europa unter dem Ersten Weltkrieg litten, an einer neuen, von Vernunft geprägten und der modernen Zeit angemessenen Gestaltung mit: De Stijl zielte darauf ab, für Architektur, Design und Kunst Gestaltungsregeln zu finden, die auf Logik, Allgemeingültigkeit, Gleichheit sowie technischer Präzision basieren.

Ab 1921 führte Mondrian seine Farbwahl zurück auf die Primärfarben Gelb, Rot und Blau sowie die unbunten Farben [„Nichtfarben"] Weiß, Grau und Schwarz. In der Farbe suchte er ihre reine, absolute Erscheinungsform ohne Übergänge zu anderen Farbtönen. Ihr Sinn lag weder in der Naturnachahmung noch im Ausdruck von Werten oder Empfindungen; Struktur oder Handschrift im Farbauftrag suchte er weitgehend zu vermeiden.
Sein Ziel war der Gewinn von elementaren Gestaltungsmitteln – als absolute, konstante Formelemente. Mithilfe dieser Gestaltungsmittel organisierte er die zweidimensionale Bildfläche immer wieder neu. Allein ausgewogene Maß- und Quantitätsverhältnisse ließ er zu und definierte dazu Lage und Ausdehnung auf der Fläche. Mondrian beschrieb: „Die Rechtecke wurden als Formen aufgehoben und neutralisiert, da sie nur noch das Ergebnis von horizontalen und vertikalen, über die ganze Bildfläche verteilten Linien erscheinen." In dem extremen Gegensatz (und zugleich in der Beziehung) von Horizontalen und Vertikalen sah Mondrian einerseits universelle Prinzipien verkörpert; ihre jeweils besondere Ausgestaltung im Bild sei aber andererseits zugleich „Ausdruck des Subjektiven, des Individuellen."

Trotz einer scheinbar asymmetrischen Anordnung ungleicher Teilstücke vermitteln die Gemälde Mondrians den Eindruck ausgewogener Beziehungen der Bildelemente. Der Kunstpsychologe Max J. Kobbert schrieb 1986:

Es bestehen keine Symmetrien im üblichen Sinne, wonach Symmetrie verstanden wird als gleiche Distanz von Bildpunkten von einem gemeinsamen Zentrum oder als Spiegelung einander ähnlicher Gestalten. Es besteht auch keine Gleichartigkeit im Sinne form- und farbidentischer Teile. […] Gleichartigkeit ist hier die Gleichwertigkeit der Rollenverteilung, die durch Angleichungen auf unterem Komplexitätsniveau nur gestört werden kann. Und hochgradige Symmetrie besteht für die Gesamtkomposition im ursprünglichen Sinne des griechischen Wortes, das ein ausgeglichenes „Zusammenmaß“ der Teile und Teilbeziehungen meint. Sie ist hier das erst im vollständigen Ganzen ausgewogene Wechselverhältnis vielfacher Asymmetrien, ein Gleichgewicht aus ungleichartigen Ungleichgewichten.
(Max J. Kobbert: Kunstpsychologie: Kunstwerk, Künstler und Betrachter. Darmstadt: WBG 1986. S. 109 ff.)

Mondrian fasste sein Verständnis der Wechselbeziehungen im Bild folgendermaßen zusammen:

Alle Dinge sind Teil des Ganzen: jedes Teil erhält seinen Wert für das Auge vom Ganzen, und das Ganze erhält ihn von den Teilen. Alles setzt sich aus Verhältnis und Gegenseitigkeit zusammen. Die Farbe existiert nur durch die andere Farbe, die Dimension wird durch die andere Dimension bestimmt, und es gibt keine Position außer der Gegenüberstellung mit einer anderen Position. Deshalb sage ich, die Beziehung ist das Wesentliche.
(Zitiert nach: Michel Seuphor: Piet Mondrian. Leben und Werk. Köln: DuMont 1957. S. 305)

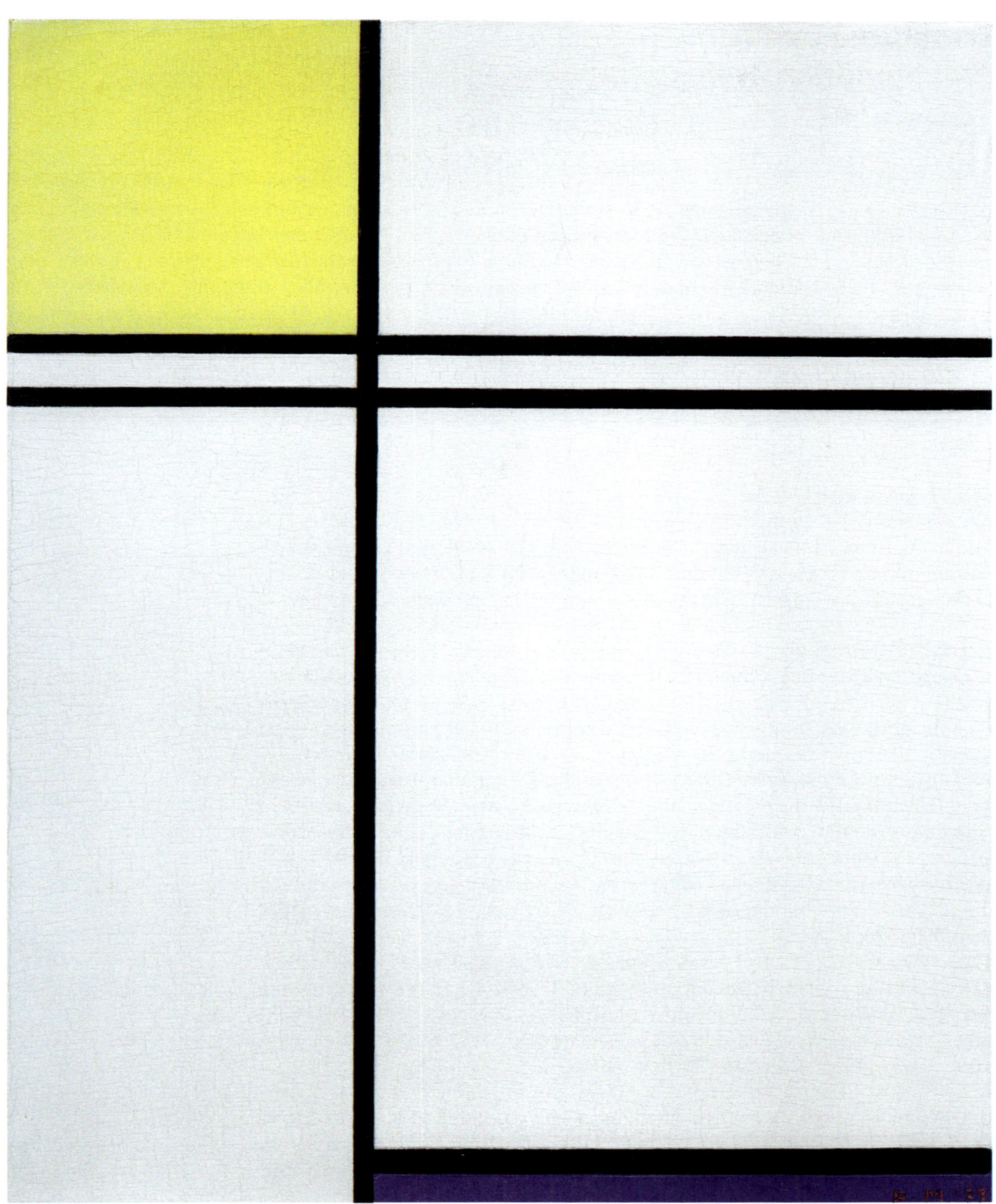

1 *Piet Mondrian: Komposition in Gelb und Blau, 1933, Öl auf Leinwand, 41 x 33,5 cm. Basel, Privatbesitz*

Arbeitsaufträge

1 Beschreiben Sie den formalen Aufbau als Ordnungsgefüge von Mondrians Bild.

2 Erläutern Sie den tieferen Sinn von Mondrians Bildtitel „Komposition in Gelb und Blau".

3 Erklären Sie Mondrians Zitate. Ziehen Sie dazu seine weiteren Äußerungen aus dem obigen Text heran.

Strukturen und Formen

Erscheinungsweisen von Struktur im Bild

Die Struktur [lateinisch: Gefüge, Bauweise] eines Werkes untergliedert sich in drei verschiedene Ebenen:

- das innere Gefüge, der gegliederte Aufbau eines Werkes: die Komposition als die vom Künstler angelegte, nicht unmittelbar sichtbare Bildordnung der Teile zueinander und zum Ganzen,
- die bildnerisch differenzierende Darstellung von Stofflichkeit als Charakterisierung unterschiedlicher Oberflächenbeschaffenheiten: die Wiedergabe von Materialtexturen, aber auch materialisierter Bewegungsspuren wie Ackerfurchen oder Wellen,
- die durch die Maltechnik bedingten Arbeitsspuren auf der Bildfläche: der Duktus, die sichtbaren Pinselspuren als „Handschrift" des Malers, ebenso Materialstrukturen eines rauen Malgrundes oder haptische Erscheinungen durch Mischtechniken mit Sand oder Ähnlichem (Materialbild).

Punkt, Linie und Fläche

Als gestalterische Grundelemente gelten Punkt, Linie und Fläche. Der Punkt als runde, in sich abgeschlossene Form ist nicht nur ein grafisches Formelement; der Maler kann durch Farbauftrag in Tupfen den Punkt als Gestaltungselement einsetzen, in Zufallsverfahren auch als Fleck oder Klecks.

Linien sind Bewegungsspuren des Stiftes oder des Pinsels. Während die malerische Handschrift des Künstlers, die sichtbaren Pinselspuren, als Duktus bezeichnet wird, nennt man die zeichnerische Handschrift Strich. Dieser kann flüchtig, grob umschreibend bei Skizzen sein oder präzis klärend und genau ausarbeitend bei Studien. Linien können durch ihre spezifische Formgebung und Beziehung zueinander Oberflächenbeschaffenheiten treffend kennzeichnen. Durch ihre Richtungen als Horizontale, als Vertikale oder als Diagonale suggerieren Linien Wirkungen wie Statik oder Dynamik. Eine andere Wirkungsweise entsteht aus dem Linienfluss, den Schwingungen, Brüchen oder Wechseln. Ausdruck lässt sich ebenso durch Beziehungen oder Kontraste der Linien untereinander erreichen wie weich/hart, ruhig/gespannt oder gerade/gekrümmt.
Linien können als Kontur [Umriss] wirksam werden, in einer Vielzahl auch als Schraffur. Dichte, übereinandergelegte Strichlagen (Kreuzschraffur) dienen häufig der Modulation von Hell - Dunkel und damit der Formgebung und zum Erzielen von Plastizität. Diese oder andere Verdichtungen von Linien können dazu führen, dass sie Flächen bilden.

Eine Fläche ist durch Umriss und Ausdehnung als Form definiert, als Rechteck, Oval usw. Ihre Gestalt wird vom Betrachter als Wechselbeziehung zwischen Figur und Grund wahrgenommen. So definieren sich etwa Figuren durch eine einfarbige Fläche als Silhouette (als Positivform oder als Negativform) vor kontrastierendem Grund. Ebenso wie den Linien oder Farben lassen sich auch charakteristischen Formen bestimmte Eigenschaften zuordnen wie bergend oder aufnehmend.

Formkontraste und -anordnungen

Ähnlich wie bei den Farbkontrasten unterscheidet man bei den Formkontrasten zwischen dem Form-an-sich-Kontrast unterschiedlicher Formen, dem Quantitätskontrast durch mengenmäßigen Gegensatz, dem Qualitätskontrast besonderer Eigenschaften (z. B. in der Art der Formabgrenzung) und dem Richtungskontrast. Häufig anzutreffende Formanordnungen sind die Ballung als punktuelle Verdichtung oder die Gruppierung als Formenanhäufung, die Streuung der Formen über die Bildfläche oder die Reihung in Höhenanordnung und im Abstand.

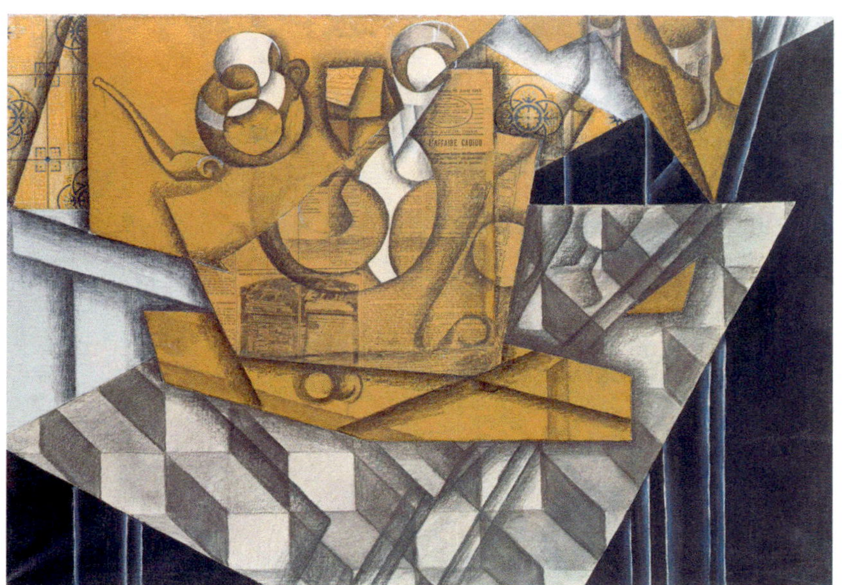

1 *Juan Gris: Die Teetassen, 1914, Öl, Kohle und Collage. 65 x 92 cm. Düsseldorf, Kunstsammlung Nordrhein-Westfalen*

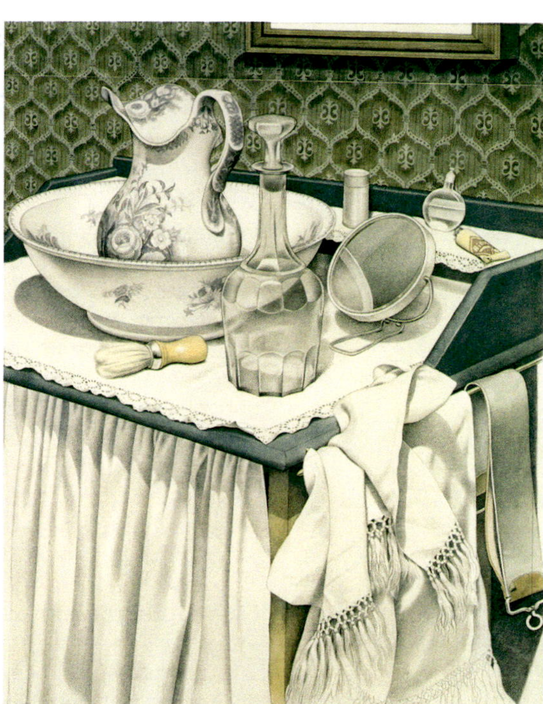

2 *Rudolf Dischinger: Waschtisch, 1929. Bleistift, aquarelliert und Pinsel/Tusche, 63,1 x 48 cm. Freiburg, Städtische Museen/Augustinermuseum*

Formenklassifikation

Der Kunsthistoriker Wilhelm Worringer veröffentlichte im Jahr 1908, zu einem Zeitpunkt, als sich der Schritt der Kunst in die Gegenstandslosigkeit in einem längeren Prozess angekündigt hatte und unmittelbar bevorstand, eine Schrift zum Thema „Abstraktion und Einfühlung". Für ihn ging „die ästhetische Wirkung eines Werkes von jenem Zustand des Stoffes aus, den wir Form nennen und dessen inneres Wesen Gesetzmäßigkeit ist". Er unterschied für die Kunst zwischen zwei Grundtendenzen des Schaffens: Eine Hauptströmung sah er im Prinzip der Einfühlung. Er meinte damit die Einfühlung des Künstlers in das ihn umgebende Leben, einen bildnerischen Drang zum Organischen, der der sichtbaren Erscheinung folgt, diese künstlerisch aufgreift. Dem stand für ihn die Abstraktion als alternatives künstlerisches Prinzip gegenüber. Hier sah er eine Reduzierung des Gegenstandes auf konstruktive Invarianten [Unveränderlichkeiten], seine Fügung zu einem Formschema.
Aufbauend auf Worringers Kriterien lassen sich in der Kunst folgende Formtypen unterscheiden: Naturformen – Stilisierung – Verfremdung – Abstraktion– freie Formen – zufällige Formen – konstruierte Formen.

Arbeitsaufträge

1 Entwerfen Sie Variationen von Formen und Linien bzw. Form- und Linienanordnungen, die folgende Eigenschaften ausdrücken: beschwingt, ausgeglichen, aggressiv, hierarchisch, erdrückend.

2 Beschreiben Sie den Einsatz der Darstellungsmittel Struktur, Linie und Form im Stillleben von Gris.

3 Vergleichen Sie Linienführung und Formgebung in den Werken von Dischinger und Gris.

Werkbetrachtung Gustav Klimt: Die Erwartung

Das Palais Stoclet in Brüssel ist ein Gesamtkunstwerk: ein Kunstwerk, in dem sich Architektur, Innendekoration und Mobiliar durch Formverwandtschaft zu einer Einheit verbinden. Das Haus entstand 1905 bis 1908 im Auftrag des jungen belgischen Industriellen Adolphe Stoclet, Architekt war der Wiener Josef Hoffmann. Er entwarf auch Möbel für das Innere, das von kostbarem weißem Marmor und schwarzem Granit beherrscht wird. Für die Längswände des Speisesaals schuf der österreichische Künstler Gustav Klimt (1862–1918) zwei Friese sowie eine abstrakt-dekorative Komposition für die Schmalseite des Raums. Als Vorarbeit für die Ausführung als Mosaik haben sich originalgroße Vorstudien Klimts erhalten, unter anderem eine Figur, die als „Erwartung" bezeichnet wird. Dieser stehenden Einzelfigur am linken Friesrand entspricht eine Paardarstellung auf dem ganz ähnlichen Bild der gegenüberliegenden Wand. Im Zentrum beider Werke steht jeweils ein Lebensbaum, dessen Stamm die Mittelachse bildet und dessen spiralförmig endende Äste das ganze Bild durchziehen. In sein wucherndes Ornament sind die ebenfalls ornamentierten menschlichen Figuren gleichsam „eingeflochten".

Der Kunsthistoriker Gottfried Fliedl schrieb 1989:

Die [Darstellung] des Stoclet-Frieses [ist bestimmt] durch eine Steigerung des Ornamentalen. Nur die Farbigkeit ihrer Kleidung bewahrt die ganz zweidimensional gestalteten Menschen davor, sich im Ornament des Bildgrundes aufzulösen. [...] Bildträger und Dargestellte unterscheiden sich kaum noch, sie sind aus ein und demselben Material. [...] Nur die Hände und Gesichter sind annähernd naturalistisch gestaltet – der übrige Körper ist durch ein geometrisch-abstraktes Flächenmuster ersetzt. [...] Den vom Ornament sozusagen freigelassenen Köpfen und Händen, also den bevorzugten Ausdrucksträgern der Porträtkunst, in denen sich die Persönlichkeit manifestiert, kommt so durch ihre Heraushebung eine fast fetischhafte Bedeutung zu. Eine Bedeutung, die dadurch gesteigert wird, dass das flächige Ornament diese Körperteile oft fragmentiert oder abschneidet und wie vom übrigen Körper getrennt erscheinen lässt. [...]

Die Menschen dieses Frieses kommunizieren nicht mit dem Betrachter. Die „Erwartung" genannte Figur blickt in fast paralleler Richtung zur Bildfläche [...]. Dadurch trägt die pure Materialität des Mosaiks die Hauptlast der Kommunikation mit dem Betrachter: Von der Erlesenheit des Materials, von seiner faktischen Kostbarkeit, vom luxuriösen und sinnlichen Reiz der Oberflächen geht eine stärkere Faszination aus als von der Menschendarstellung und ihrer vagen inhaltlichen Bedeutung. Die Schauspieler, die diese kostbare Bildbühne betreten haben, um ein luxuriöses Leben zu dekorieren, werden selbst zu Dingen, zu kunstgewerblichen Kostbarkeiten. Die Erstarrung des Lebens zur anorganischen Natur ist hier im Vergleich zu allen anderen Werken Klimts am weitesten getrieben. Dieser anorganischen Natur, in die sich das Leben verwandelt, wird kompensativ selbst Leben eingehaucht, sie kann mit dem Betrachter in Kontakt treten: [...] Die als Blüten oder Blätter in den Zweigen aufwachsenden Muster tragen ebenso – dort eigentümlich übereinandergestellte – Augenpaare wie die Gewänder der Menschen. [...]

Im 19. Jahrhundert galt die Individualisierung des Stofflichen, die Ausstattung von Gegenständen mit physiognomischen Zügen noch als eine Form der geistigen Aneignung, als Möglichkeit, unbelebte Dinge, Objekte, Architekturen buchstäblich mit „menschlichen Zügen" auszustatten. Dies bedeutete zugleich die Beherrschung und Durchdringung des Materiellen mit menschlicher Fantasie, Kreativität und Gestaltungswillen. Der menschlicher, handwerklicher und künstlerischer Arbeit vor allem durch maschinelle und industrielle Erzeugung entfremdeten Produktkultur konnte man dadurch noch so etwas wie einen Stempel von Humanität aufdrücken. Die funktional oft völlig widersinnige Verzierung von Gebrauchsgegenständen mit Figuren oder die Gestaltung von Dingen in einer der menschlichen Anatomie nachempfundenen Form werden so verständlich. In der Zeit um 1900 wurde diese Art naturalistischer Nachahmung [...] heftig kritisiert und abgelehnt, doch die Schwierigkeit, sich nicht der Herrschaft anonymer, maschinell massenhaft hergestellter Dinge auszuliefern, blieb bestehen. Klimt scheint im Stoclet-Fries diesen Widerstand gegen die Überantwortung ans Material aufgegeben zu haben. Er versucht nicht, die Dingwelt zu vermenschlichen, sondern er abstrahiert und verstofflicht ein Menschenbild.

(Gottfried Fliedl: Gustav Klimt 1862–1918. Die Welt in weiblicher Gestalt. Köln: Taschen 1989, S. 145 ff.)

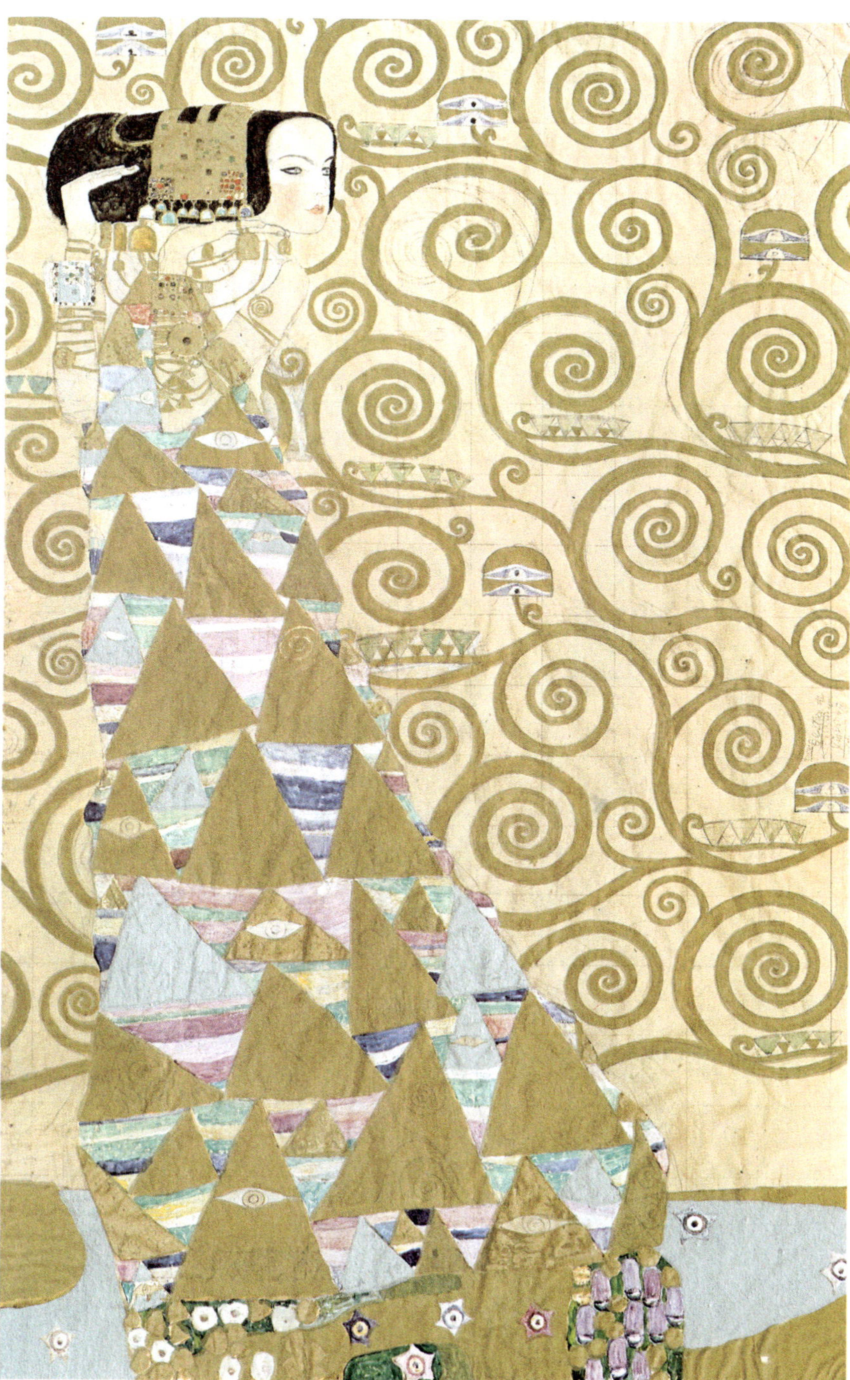

1 *Gustav Klimt: Die Erwartung, Werkvorlage zum Stoclet-Fries, um 1905. Tempera, Aquarell, Goldfarbe, Silberbronze, Kreiden, Bleistift, Deckweiß auf Papier, 193 x 115 cm. Wien, Österreichisches Museum für angewandte Kunst*

Arbeitsaufträge

1 Beschreiben Sie die von Klimt eingesetzten Formen und ihr Verhältnis zueinander.

2 Informieren Sie sich über den Jugendstil als kunstgewerbliche und architektonische Strömung und vergleichen Sie die Formensprache dieser Strömung mit der von Klimt.

3 Welche Zusammenhänge zwischen Motiv, Form und Botschaft beschreibt der Text von Gottfried Fliedl? Nehmen Sie Stellung zu seinen Ausführungen und belegen Sie Ihre Auffassung am Bild.

Die Raum- und Körperdarstellung

Räumlichkeit im Bild

Im Prozess des Sehens nehmen wir ein Nebeneinander von Hell-Dunkel-Unterschieden und unterschiedlichen Farben wahr. Diese setzen wir in räumliche Beziehung zueinander, ordnen sie in ein Hintereinander. Will man auf der zweidimensionalen Bildfläche den Anschein räumlicher Tiefe und plastischer Körper erzeugen, so gilt es, eine räumliche Anordnung der Motive mit gestalterischen Mitteln vorzutäuschen. In einem Fall will das Bild eine räumliche Unterscheidung von Vorder-, Mittel- und Hintergrund nur andeuten, im anderen Fall soll es dem Betrachter in möglichst vollkommener Weise als „Fenster zur Welt" unendlich erscheinen. Zu diesen Zwecken haben Künstler im Laufe der Jahrhunderte Gestaltungsmittel entwickelt, die teils der Natur „abgeschaut" wurden, teils auf geometrischen Konstruktionen beruhen. Den Grad der Tiefenwirkung bestimmt der Einsatz der raumschaffenden Bildelemente.

Elemente der Raumdarstellung

- Überschneidung/-deckung bzw. Staffelung von Formen (a): Teile der hinteren Form sind durch die jeweils vordere verdeckt.
- Höhenunterschiede der Motive in der Lage auf der Bildfläche (b): Dinge ordnen sich (entsprechend der alltäglichen Wahrnehmung) von der unmittelbaren Nähe bis zum Horizont in ihrer Höhe übereinander.
- Größenunterschiede: Die Motive erscheinen mit zunehmender Distanz kleiner.
- Helligkeitsunterschiede: Bei der Landschaftsdarstellung verblassen die Farben allmählich dem Hintergrund zu (c); bei der Luftperspektive löst sich mit zunehmender Entfernung die Wahrnehmung von Konturen und Strukturen atmosphärisch auf (d).
- Farbperspektive: Es überwiegen kalte, bläuliche Farbanteile in der Ferne.
- Parallelprojektion/-perspektive: Körper werden als lineare Konstruktionen, z. B. in Kavalierperspektive (e) oder Isometrie (f), dargestellt.
- Fluchtpunktperspektive (oder Linearperspektive): Der Raum wird konstruiert mithilfe eines mittig im Bild und zugleich auf der Horizontlinie gelegenen Fluchtpunktes sowie den auf ihn zulaufenden Fluchtlinien (Zentralperspektive/g). Bei der Zweipunktperspektive (auch: Übereckperspektive) ist die Konstruktion um einen zweiten Fluchtpunkt erweitert.

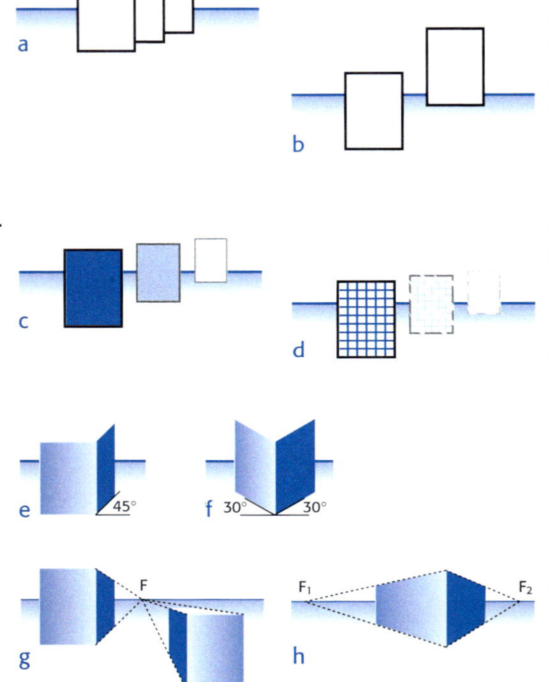

Ergänzt werden diese Faktoren durch Möglichkeiten, den Betrachterstandpunkt auf dem Bild extrem hoch zu legen, in die sogenannte Vogelperspektive mit ihrer weiten Tiefenerstreckung, oder besonders tief, als Froschperspektive mit ihrer Untersicht. Darüber hinaus ist zu fragen: Sieht man die Dinge aus der Nahsicht oder der Fernsicht? Zeigt das Bild einen Ausschnitt oder ein Panorama, eine Seitenansicht [Profil] oder eine Frontalansicht [von vorn: en face]? In der Bedeutungsperspektive wiederum werden natürliche Größenverhältnisse negiert und wichtige Motive gemäß ihrer Bedeutung im Bild größer als andere dargestellt.

Elemente der Körperdarstellung

▸ Plastizität, greifbar erscheinende Körperhaftigkeit, erreicht der Künstler vor allem durch ▸ Modulation der Farben und ihrer Helligkeit. Figuren oder Dinge zeigen durch den Einfall des Lichts ▸ Körperschatten [auch: Eigenschatten] sowie ▸ Schlagschatten, die sie auf ihre Umgebung oder andere Dinge werfen. Bei einer Bildbetrachtung wäre zu fragen:

- Kann man Einzelheiten durch malerische ▸ Detailgenauigkeit wahrnehmen, etwa die ▸ Stofflichkeiten [Oberflächeneigenschaften wie Strukturen] der einzelnen Motive unterscheiden?
- Stimmt die ▸ Anatomie [der Aufbau des Körpers], stimmen die ▸ Proportionen in Bezug auf andere Bildmotive?
- Handelt es sich bei den dargestellten Figuren um Individuen, die durch charakteristische Merkmale gekennzeichnet sind, oder um einen jeweils abgewandelten Typus?

Arbeitsaufträge

1 Belegen Sie an einem geeigneten Bild die Anwendung möglichst vieler raumschaffender Mittel.

2 Vergleichen Sie die Buchmalerei „Verkündigung an die Hirten" (S. 9) sowie die Fresken „Die Heilige Dreifaltigkeit" (S. 25) und „Der heilige Franz schenkt seinen Mantel einem Armen" hinsichtlich der Raumdarstellung.
Benutzen Sie die entsprechenden Fachbegriffe.

3 Suchen Sie nach Bildbeispielen für die Bedeutungsperspektive und erläutern Sie ihren Sinn.

4 Untersuchen Sie anhand der obigen Fachbegriffe die Körperdarstellung in Giottos Bild.

5 Zeigen Sie an entsprechenden Bildbeispielen unterschiedliche Grade von Körperhaftigkeit.

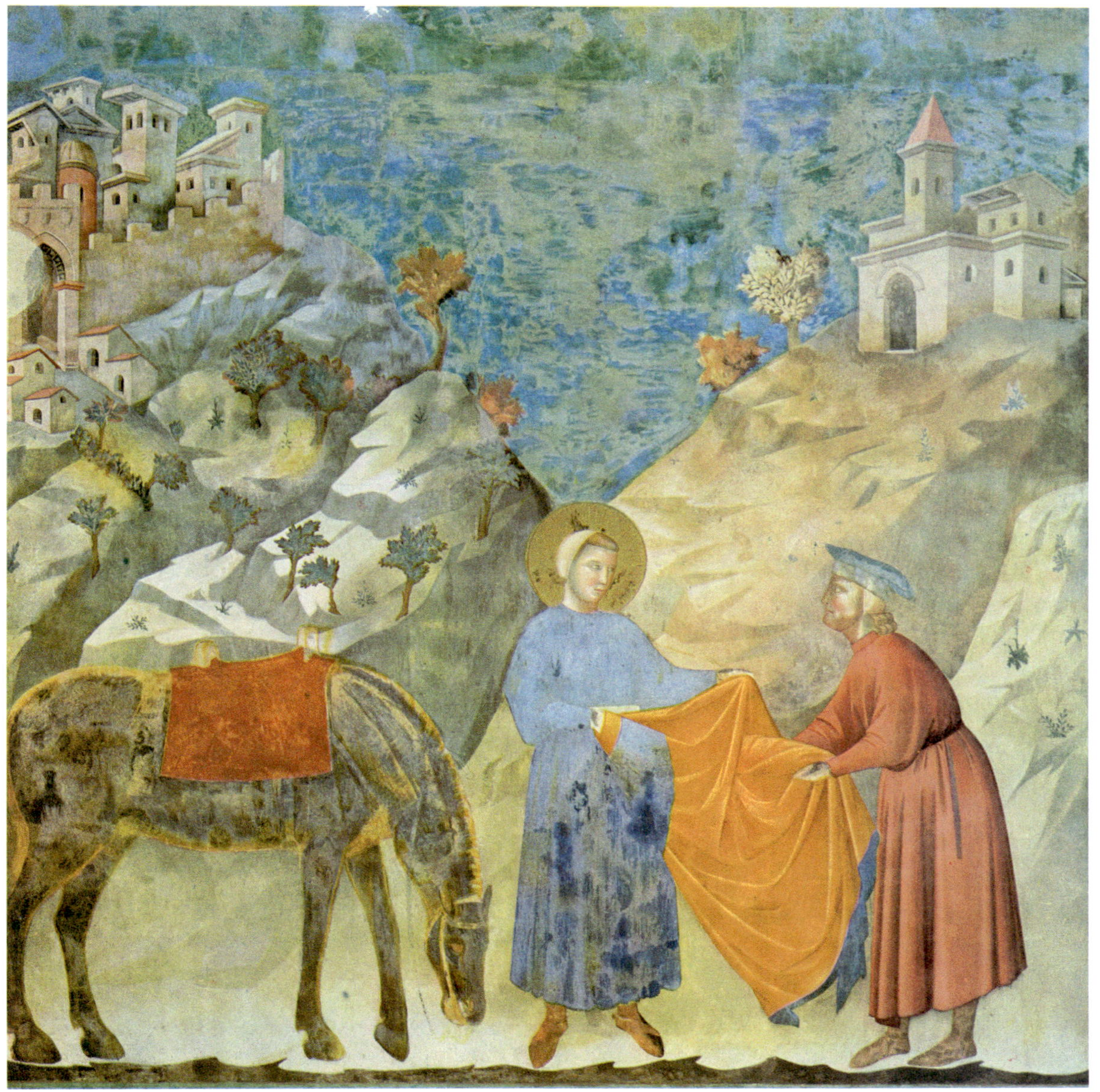

1 *Giotto: Der heilige Franz von Assisi schenkt seinen Mantel einem Armen, vor 1300, Fresko. Assisi, Oberkirche von San Francesco*

Werkbetrachtung
Masaccio: Die heilige Dreifaltigkeit

Das erste Bild, das die Zentralperspektive in der Frührenaissance vor Augen führte, war „Die heilige Dreifaltigkeit" von Masaccio (1401–1428). Es zeigt die Trinität von Gottvater, heiligem Geist und Gottessohn; hinter ihnen befindet sich wohl das Grab Christi. Am Fuße des Kreuzes erblickt man Maria und Johannes den Täufer, davor die beiden Stifter des Wandbildes sowie das Skelett Adams. Thema des Bildes ist das christliche Versprechen der Erlösung des Menschen.

Masaccio malte sein Fresko auf die Westwand (1, a) der Kirche Santa Maria Novella. Die Gläubigen begaben sich beim Eintritt in die Kirche zunächst zu einem Weihwasserbecken (1, b). Von hier aus betrachtet, scheint das Fresko eine zentrale Position auf der gegenüber liegenden Wand einzunehmen (2). Steht man vor Masaccios Fresko und blickt das Seitenschiff entlang in Richtung des Chors, sieht man das Holzkruzifix (1, c/3) von Brunelleschi (1377 bis 1446). Brunelleschi hatte als Erster mit der Zentralperspektive experimentiert und ihr System ergründet. Als Architekt schuf er Kapellen im neuen Renaissancestil – Räume, wie Masaccio sie in seinem Fresko darstellt.
In der Sakristei befindet sich ein weiteres gemaltes Kruzifix (1, c/4). Es stammt von Giotto (1266–1337), der als einer der Ersten das Menschliche des Gottessohnes betonte und zeigte, wie sein Körper am Kreuz zusammensackt. Zu den Außenseiten der blutenden Hände des Gekreuzigten malte Giotto Bilder von Maria und Johannes dem Täufer.

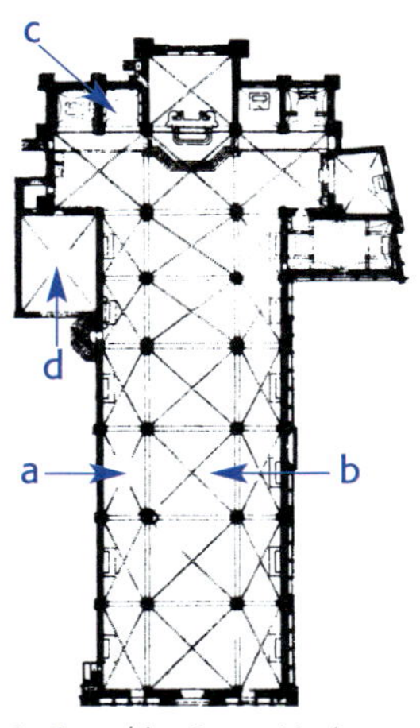

1 *Grundriss Santa Maria Novella, Florenz*

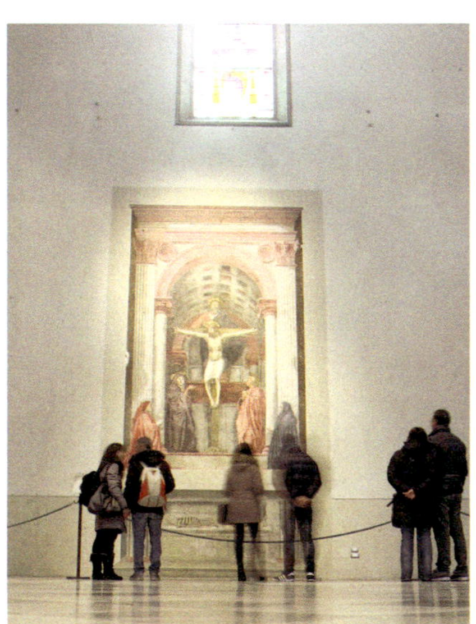

2 *Santa Maria Novella, Florenz: Blick auf Masaccios Fresko*

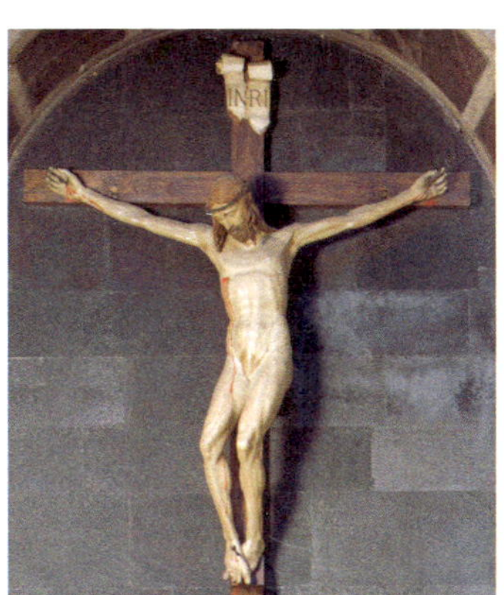

3 *Brunelleschi: Holzkruzifix, um 1412. Florenz, Santa Maria Novella*

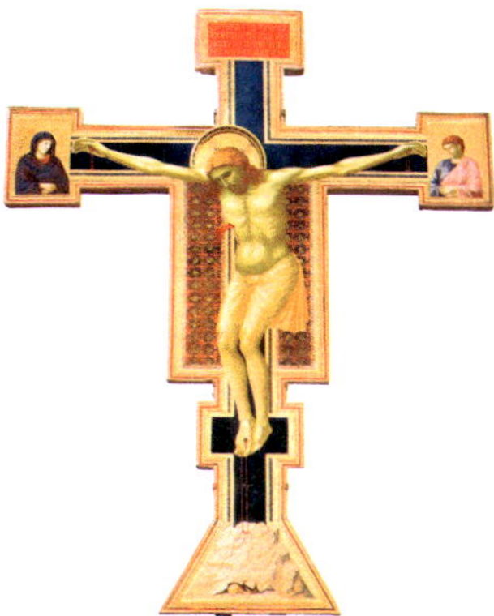

4 *Giotto: Gemaltes Kruzifix, um 1300. Tempera auf Holz, 578 x 406 cm. Florenz, Santa Maria Novella*

Arbeitsaufträge

1 Beschreiben Sie das Verhältnis von Bildraum und Kirchenraum bezogen auf Masaccios Fresko.

2 Vergleichen Sie die drei Darstellungen des Gekreuzigten in der Kirche Santa Maria Novella.

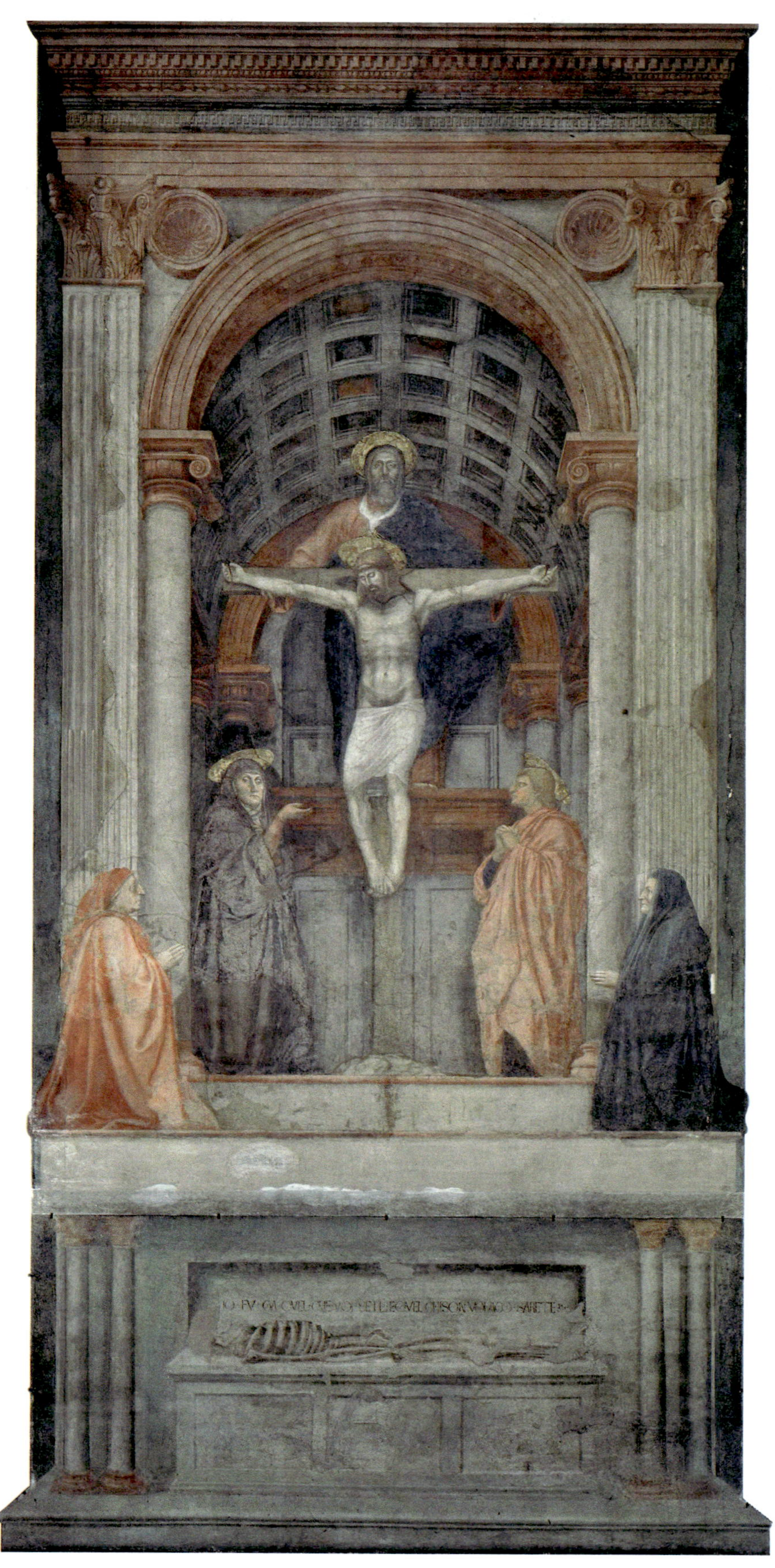

5 *Masaccio: Die Heilige Dreifaltigkeit, um 1426/27. Fresko, 667 x 317 cm. Florenz, Santa Maria Novella*

Die Bedeutung der Zentralperspektive

Der Kunsthistoriker Erwin Panofsky schrieb 1927:

Wir müssen versuchen, uns vorzustellen, was diese Errungenschaft [der Fluchtpunktperspektive für die Renaissance] bedeutete. Nicht nur, dass die Kunst zur „Wissenschaft" erhoben war: Der subjektive Seheindruck war so weit rationalisiert, dass gerade er die Grundlage für den Aufbau einer fest gegründeten und in einem ganz modernen Sinne „unendlichen" Erfahrungswelt bilden konnte [...] – es war eine Überführung des psychophysiologischen Raumes[1] in den mathematischen erreicht, mit anderen Worten: eine Objektivierung des Subjektiven.

Mit dieser Formel ist nun aber die Tatsache bezeichnet, dass die Perspektive, gerade als sie aufgehört hatte, ein technisch-mathematisches Problem zu sein, in umso höherem Maße beginnen musste, ein künstlerisches Problem zu bilden. Denn sie ist ihrer Natur nach gleichsam eine zweischneidige Waffe: Sie schafft den Körpern Platz, sich plastisch zu entfalten und mimisch zu bewegen – aber sie schafft auch dem Lichte die Möglichkeit, im Raum sich auszubreiten und die Körper malerisch aufzulösen; sie schafft Distanz zwischen dem Menschen und den Dingen [...] – aber sie hebt diese Distanz doch wiederum auf, indem sie die dem Menschen in selbstständigem Dasein gegenüberstehende Ding-Welt gewissermaßen in sein Auge hineinzieht; sie bringt die künstlerische Erscheinung auf feste, ja mathematisch-exakte Regeln, aber sie macht sie auf der anderen Seite vom Menschen, ja vom Individuum abhängig, indem diese Regeln auf die psychophysischen Bedingungen des Seheindrucks Bezug nehmen und indem die Art und Weise, in der sie sich auswirken, durch die frei wählbare Lage eines subjektiven „Blickpunktes" bestimmt wird. So lässt sich die Geschichte der Perspektive mit gleichem Recht als ein Triumph des distanzierenden und objektivierenden Wirklichkeitssinns, [...] ebenso als Befestigung und Systematisierung der Außenwelt, wie als Erweiterung der Ich-Sphäre begreifen; sie musste daher das künstlerische Denken immer wieder vor das Problem stellen, in welchem Sinne diese ambivalente Methode benutzt werden sollte. Man musste sich fragen (und hat sich gefragt), ob die perspektivische Anlage des Gemäldes sich nach dem tatsächlichen Standpunkt des Betrachters zu richten habe [...] – oder ob umgekehrt der Betrachter sich ideell auf die perspektivische Anlage des Gemäldes einstellen müsse.

(Erwin Panofsky: Aufsätze zu Grundfragen der Kunstwissenschaft. Hrsgg. von Hariolf Oberer und Eugen Verheyen. Berlin: Verlag Volker Spiess 1980, S. 123 f.)

1 **psychophysiologischer Raum:** *vom Körpergefühl her entwickelte Raumvorstellung, beruhend auf der Wechselwirkung zwischen Empfindungen und Wahrnehmung*

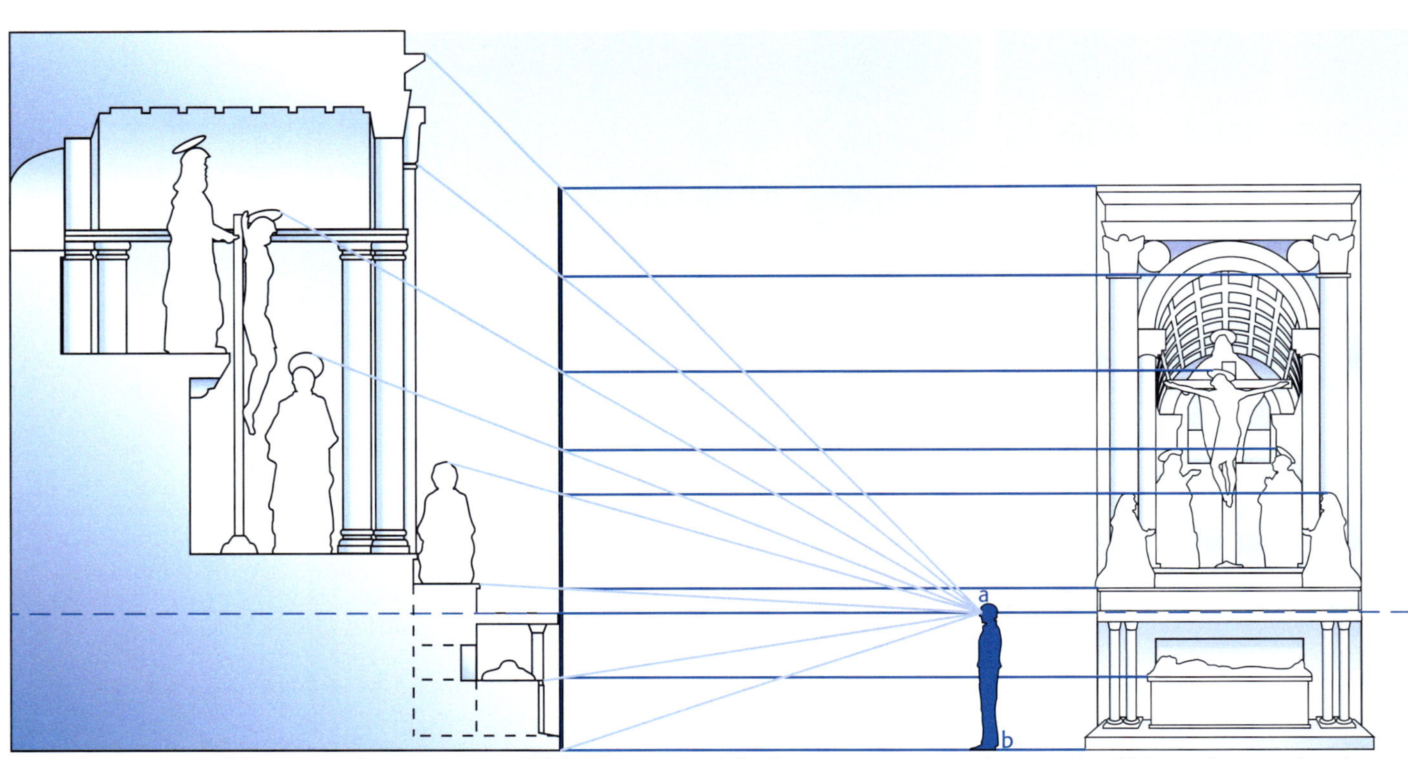

1 *Perspektivkonstruktion von Masaccios Bild (I)*

Die Raumbildung Masaccios ist immer wieder Untersuchungsgegenstand der Kunstwissenschaft gewesen. Irina Danilova wies 1983 auf Probleme der Symbolik hin, die sich mit der neuen perspektivischen Darstellung verbanden:

Das vom Künstler gewählte Verfahren der allmählichen Vergrößerung der Figuren vom Vorder- zum Hintergrund ist wahrscheinlich zum Teil aus der gedanklichen Konzeption des Werkes heraus zu erklären. Die Gestalten treten entsprechend der gedachten Hierarchie [Rangordnung] aus dem Bereich des realen Innenraumes in den Bereich des idealen, dargestellten Raumes der Kapelle zurück. Dementsprechend hätten sich die Maße der Figuren mit zunehmendem Anstieg ihrer ideellen Bedeutung verkleinern müssen. Die Figuren der Haupthelden, die ganz in der Tiefe der halbdunklen Nische angeordnet sind, hätten dann als ferne Darstellungen empfunden werden müssen. Das widersprach offensichtlich direkt dem Charakter dieses monumentalen Gemäldes […]. Aus diesem Grund schaffte Masaccio ein zweites System von Abstufungen, indem er die Figuren in Form einer Pyramide anordnet, deren Spitze die Gruppe mit dem Kruzifix bildet und die von den Halbkreisen des Kassettengewölbes und der Bögen wie von einer Mandorla [mandelförmige Ausstrahlung] gekrönt wird. Unter dieser Gruppe, gleichsam allmählich die Stufen herabsteigend und entsprechend in den Maßen abnehmend, sind die Figuren der davor Stehenden dargestellt.

(Irina Danilova: Wandmalerei der Frührenaissance in Italien. Übersetzt von Ernst Fromhold-Treu. Dresden: Verlag der Kunst 1983, S. 225)

Boris von Brauchitsch suchte 1999 nach der inneren Ordnung bei der Raumbildung von Masaccios Fresko:

Dem Bild liegt die von der Renaissance aufgegriffene antike Idee vom Menschen als dem Maß aller Dinge zugrunde. Hier ist es der auf sein „Gerüst" reduzierte Mensch, der als Maßeinheit dient: das gemalte Skelett im Sockel des Freskos. Es misst 167 cm. Das Interkolumnium, der Abstand zwischen den Säulen, steht im Verhältnis 1:1, die Höhe des Bogens im Verhältnis 2:1, die Gesamthöhe des Bildes im Verhältnis 4:1. […]
Die Kassettendecke (aus querrechteckigen Kassetten) ist in starker Untersicht zu sehen; das bedeutet, der ideale Standpunkt des Betrachters, auf den die Raumillusion ausgerichtet ist, liegt recht nahe vor dem Bild, genauer gesagt etwa im Abstand von 3,5 Metern (= doppelte Länge des menschlichen Grundmaßes). Geht man davon aus, dass sich der Fluchtpunkt genauso weit hinter der Bildfläche befindet wie der Betrachter davor, so ergibt sich eine Wandnische im Verhältnis Breite zu Tiefe von 2:1. Nimmt man ferner an, dass der Querbalken des Kreuzes im Sinne Vitruvs[2] ebenfalls der menschlichen Körperlänge entspricht, so steht das Kreuz exakt in der Mitte des Raumes.
Beispielhaft verabschiedet sich Masaccio in seinem Fresko von intuitiver Raumwahrnehmung und setzt ihr ein Schönheitsideal entgegen, das auf Zahlen und einfachen harmonischen Maßverhältnissen beruht und sich dennoch mit den monolithischen [eine feste Einheit bildenden] Gestalten der Trauer und der Gläubigkeit zu einem Andachtsbild von tiefem Ernst verbindet.

(Boris von Brauchitsch: Renaissance. Köln: DuMont 1999, S. 51)

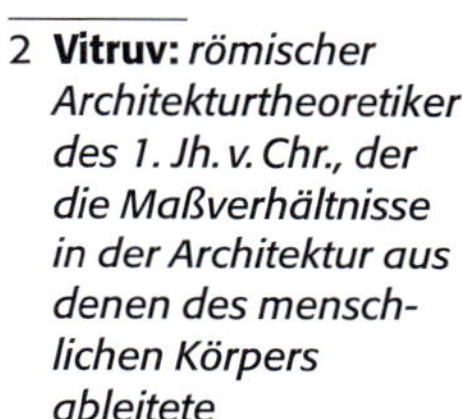
2 **Vitruv:** *römischer Architekturtheoretiker des 1. Jh. v. Chr., der die Maßverhältnisse in der Architektur aus denen des menschlichen Körpers ableitete*

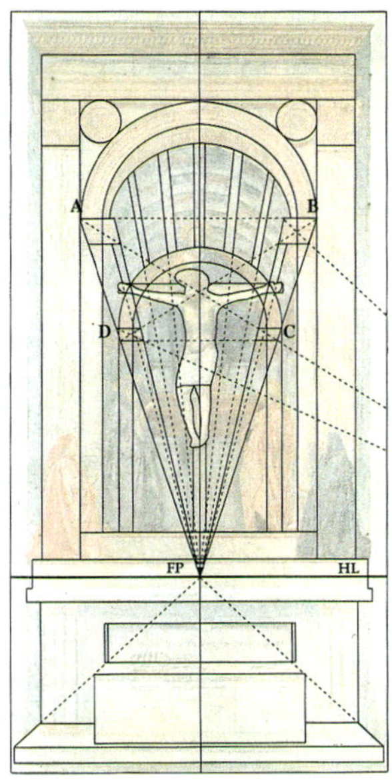

2 *Perspektivkonstruktion von Masaccios Bild (II)*
HL: Horizontlinie (Augenhöhe des Betrachters)
FP: Fluchtpunkt (Augpunkt des Betrachters)
A, B, C, D: Eckpunkte der Diagonalen zur geometrischen Konstruktion der Kapitelle (AD und andere Linien treffen sich weitergeführt in einen Punkt auf der Horizontlinie HL)

Arbeitsaufträge

1 Erklären Sie die Zeichnungen zu Masaccios zentralperspektivischer Konstruktion. Belegen Sie Ihre Erläuterungen an der Abbildung des Freskos (S. 25).

2 Überlegen Sie gemeinsam, welche Auswirkung die Erfindung der Fluchtpunktperspektive auf die Darstellung religiöser Themen hatte. Vergleichen Sie dazu Masaccios Werk mit der Buchmalerei „Verkündigung an die Hirten" (S. 9).

3 Was meinte Panofsky, als er von der Perspektive als „symbolischer Form" sprach?

4 Erklären Sie, welches künstlerische Problem und welchen Lösungsansatz die Kunsthistorikerin Danilova anspricht.

5 Wie interpretiert von Brauchitsch die Raumbildung Masaccios? Überprüfen Sie seine Thesen am Bild.

Licht und Schatten

Licht galt im Mittelalter als Zeichen der Vollkommenheit und Ewigkeit, Gott als Ursprung, Christus als Verkörperung allen Lichts. Die Kunst, die den Menschen eine Vorstellung vom Jenseits geben wollte, nutzte das Licht zur Entmaterialisierung des Irdischen, da sie nach Transzendenz, nach Überschreiten der Grenzen des Diesseits, strebte. So verwandeln farbige Glasfenster in gotischen Kirchen das natürliche Licht der Außenwelt im Innenraum in eine übersinnliche Lichterscheinung. Der Goldgrund verleiht den Altären die Aura von Eigenglanz, ebenso ist es mit den Mosaiken, die hoch oben in den Kirchengewölben schimmern. All diese mittelalterlichen Bildwerke erzeugen – zum Teil durch Reflexion – ▸Eigenlicht: Sie selbst scheinen zu leuchten.

Seit etwa 1300 entstand das ▸Beleuchtungslicht in der Malerei: Eine angenommene Lichtquelle, ob sie nun im Bild selbst dargestellt ist oder außerhalb gedacht werden muss, lässt die Dinge als plastische Formen erscheinen, indem auftreffendes Licht bestimmte Partien der Körper heller oder dunkler modelliert. Man unterscheidet die ▸Körperschatten [auch: Eigenschatten] der Motive von den ▸Schlagschatten [auch: Außenschatten], die sie auf ihre Umgebung werfen.

Im 15. Jahrhundert setzte sich die Verwendung eines einheitlichen, neutralen Lichtes durch, das den Bildraum und die in ihm enthaltenen Formen gleichmäßig beleuchtet. Die ▸Lichtführung kann sogar raffiniert den im realen Raum tatsächlich vorhandenen ▸Lichteinfall aufnehmen und im Bild fortsetzen. Sie kann ebenso gezielt bestimmte Bildpartien beleuchten und diese hervorheben; so wird sie Teil der Komposition. Von einem solch ansatzweise natürlich wirkenden Beleuchtungslicht aus gewinnen Licht und Schatten bald immer mehr an Ausdruckswert, sodass schließlich ▸Lichtstimmungen entstehen.

„Die Farben sind Taten und Leiden des Lichtes."
Johann Wolfgang von Goethe (1749–1832)

Den Höhepunkt erlangt diese Entwicklung in der ▸Helldunkelmalerei des 17. Jahrhunderts. Sie ist gekennzeichnet durch starke Kontraste von Hell und Dunkel; zwischen Beleuchtung und Schatten liegen die unendlich möglichen Abstufungen, die ▸Tonwerte. Das Licht (bzw. die Abwesenheit desselben) gewinnt Dominanz gegenüber den Eigenfarben der Motive, die zugunsten einer ▸tonigen Farbigkeit des gesamten Bildes zurückgedrängt werden. Licht wird zum zentralen Ausdrucksmittel, das sich bis zur Darstellung einer von innen wirkenden Erleuchtung steigern kann. Tiefe wiederum entsteht häufig durch die Unmessbarkeit des dunklen Bildgrundes. Von den ▸Kernschatten, den dunklen und lichtlosen Zonen, über die ▸Halbschatten im Randbereich lässt das Licht die Dinge allmählich hervortreten. Künstliche Lichtquellen wie Kerzen werden vermehrt zum Motiv und mit ihnen extreme Beleuchtungssituationen wie das ▸Schlaglicht, ein extremes Seitenlicht, oder einzelne Lichtstrahlen. Die Maler zeigen punktuelle ▸Glanzlichter als hellste ▸Lichtreflexe auf spiegelnden Dingen oder diffuses ▸Streulicht, das von rauen Oberflächen gestreut auf die Umgebung zurückgeworfen wird. ▸Streiflicht wiederum entsteht, wenn ein Lichtschein nur die Ränder der Körper erhellt. Im 18. Jahrhundert ist ein Übergang zur allseitigen Bildhelligkeit zu beobachten. Die Wissenschaft erkennt, dass das Licht alle Spektralfarben beinhaltet und zugleich zur Erscheinung bringt.

Aber erst das 19. Jahrhundert macht die flüchtige Erscheinung eines Gegenstands im Licht zum eigentlichen Thema der Darstellung. Die Maler des Impressionismus fangen die Wahrnehmung einer momentanen, atmosphärischen Lichtsituation ein. Als Ergebnis leuchtet die Bildfläche farbig, ebenso die Schatten; Schwarz verschwindet von der Palette. Aus dem Leuchtlicht einer Lichtquelle ist das Eigenlicht der durch ihre materielle Substanz leuchtenden Farbe geworden.

Zu Beginn des 20. Jahrhunderts ist das Licht in der Farbe aufgegangen, Modellierung durch Licht weitgehend preisgegeben. „Die Farbe ist nicht mehr, wie in der gesamten abendländischen Malerei vom Mittelalter bis zum Impressionismus, eine Funktion des Lichts – sondern umgekehrt: das Licht ist zu einer Funktion der Farbe geworden“, formulierte der Kunstwissenschaftler Wolfgang Schöne 1977. Der Durchbruch zur Autonomie der Farbe, der ausschließliche Bezug zum reinen ▸ Eigenwert der Farbe, zeigt sich in der Entstehung der modernen gegenstandslosen Malerei.

Arbeitsaufträge

1 Geben Sie mit eigenen Worten die im Text geschilderte Entwicklung wieder.

2 Erstellen Sie einen Merkkasten zum Thema „Licht“.
Erläutern Sie dazu an geeigneten Beispielen aus diesem Band folgende Begriffspaare:
Eigenlicht – Beleuchtungslicht,
natürliche – künstliche Lichtquelle,
Helldunkelmalerei – neutrales Licht,
Schlaglicht – Streulicht,
Körperschatten – Schlagschatten,
Kernschatten – Halbschatten.
Veranschaulichen Sie diese Fachbegriffe durch Zeichnungen.

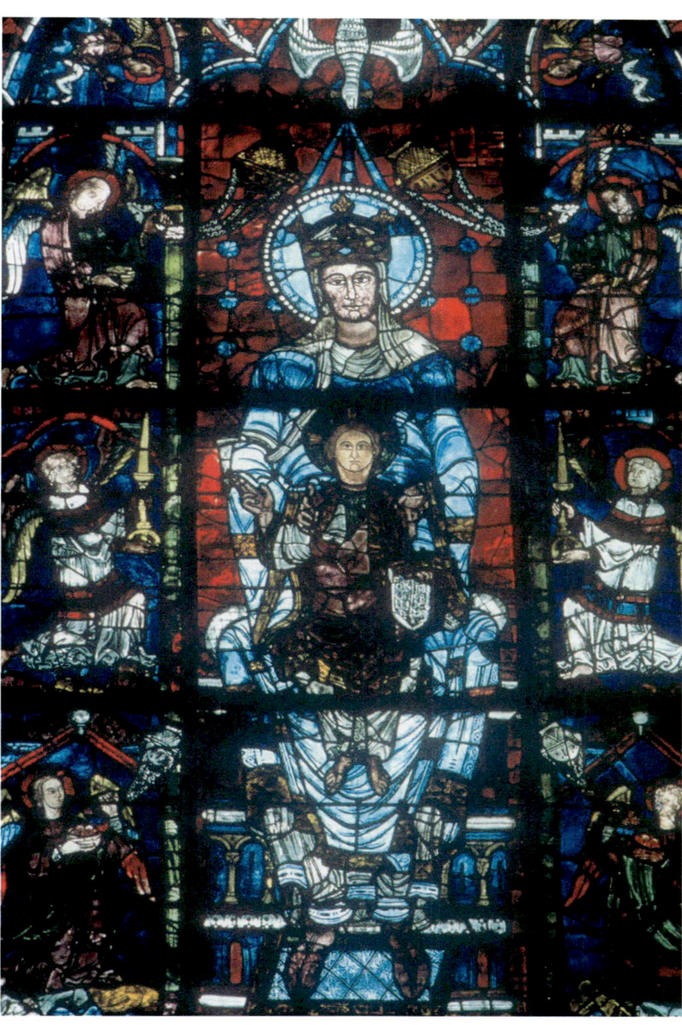

1 *Mittelalterliche Glasmalerei: Maria mit dem Jesuskind, um 1220 (Höhe der Madonna: 260 cm, Gesamthöhe des Fensters: 748 cm). Chartres, Kathedrale*

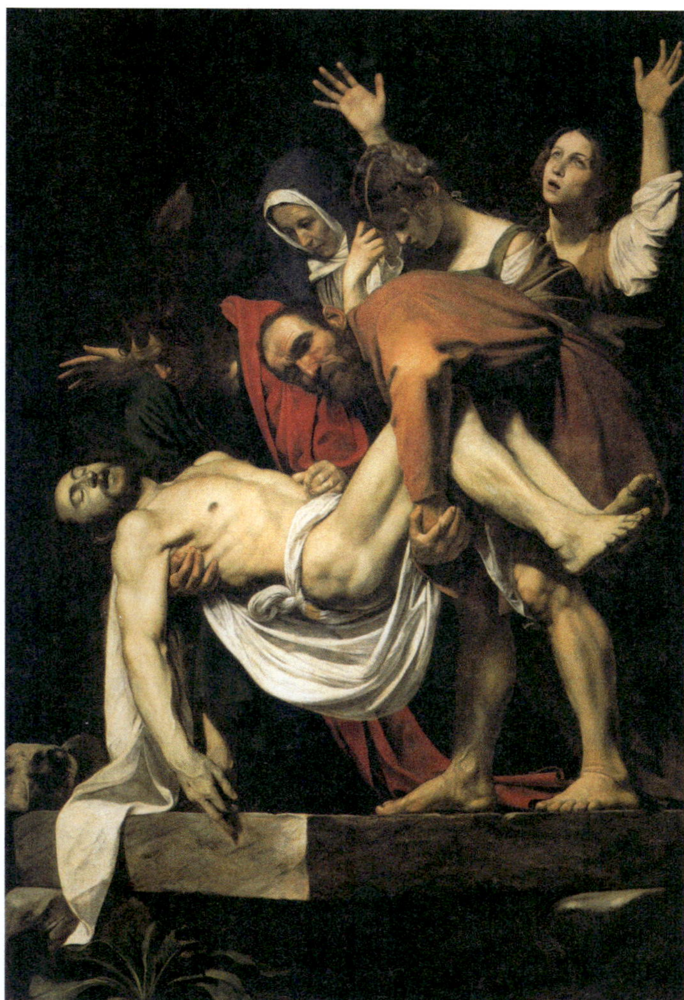

2 *Caravaggio: Grablegung (aus der Chiesa Nuova), 1602–1604, Öl auf Leinwand, 300 x 203 cm. Rom, Vatikanische Museen*

Werkbetrachtung Claude Monet: Seerosen

Claude Monet zählt zu den Begründern des Impressionismus. Dessen Vertreter einte im späten 19. Jahrhundert eine neue Auffassung von Malerei vor Ort in der freien Natur, die Pleinairmalerei [▸ Freilichtmalerei]. Anders als die Malergenerationen vor ihnen arrangierten die impressionistischen Künstler ihre Motive nicht mehr in den Ateliers, sondern suchten sie in der Landschaft, auf den Boulevards der Städte oder in den sonntäglichen Ausflugszielen abseits von Paris.

Die Impressionisten konzentrierten ihr Interesse auf die wechselnden Lichtstimmungen zu verschiedenen Tages- und Jahreszeiten. Sie waren fasziniert von den Brechungen der Farben im Licht und entdeckten Farben auch in den Schatten und Spiegelungen. Um die momentane Wahrnehmung von den Dingen – mit den jeweils besonderen atmosphärischen Bedingungen – festzuhalten, arbeitete Monet bei manchen Motiven in Serien und zeigte in ihnen die Veränderbarkeit ihrer Erscheinung. Beobachtete Farbtöne setzte er als Partikel mit kurzen, oft unverbundenen Pinselstrichen oder auch in ▸ Tupfen auf die Leinwand und ließ sie in ihrer Summe einen farbig leuchtenden Eindruck erzielen. Der dargestellte Gegenstand scheint sich bisweilen in flirrendem Licht aufzulösen.
Zu Monets Motiven zählen auch die Seerosen seines Gartens in Giverny bei Paris. Er malte sie in Serien auf zum Teil extrem breitformatige Leinwände und ließ zu diesem Zweck in seinen letzten Lebensjahren eigens ein neues Atelier errichten. Monets Bildkonzept der Seerosen-Bilder zeigt ein neues, modernes Kunstverständnis: das offene, mehrdeutige und entgrenzte Kunstwerk, das auf ein neues Gefühl seiner Zeit reagiert, „einer bewegten, dynamischen, in fortwährender Veränderung begriffenen Wirklichkeit", wie der Kunstsoziologe Arnold Hauser 1953 formulierte.

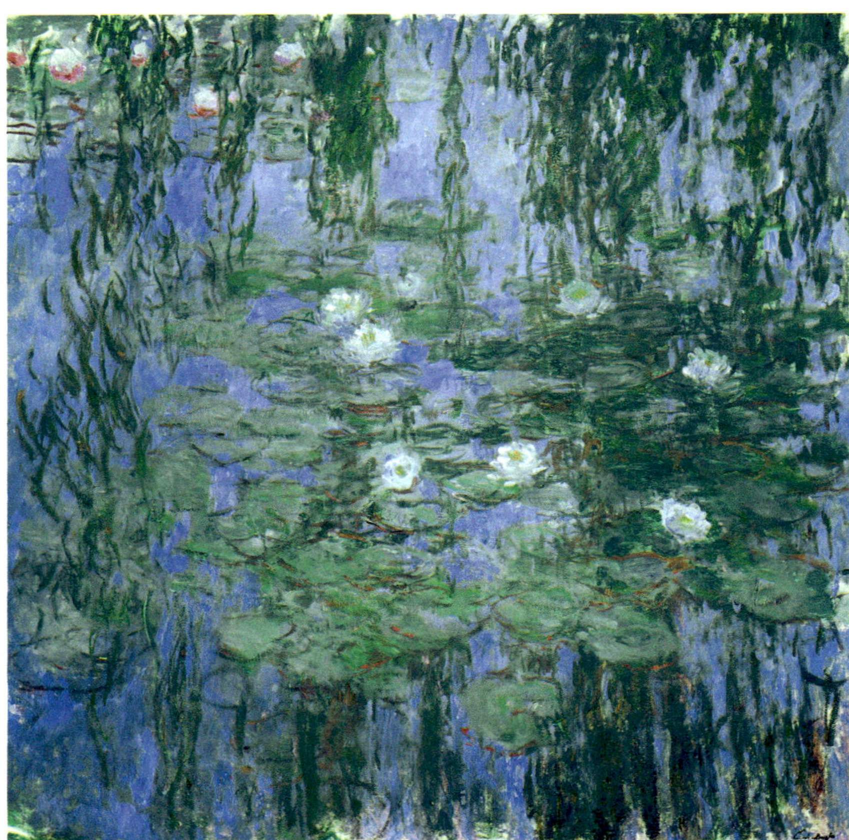

1 *Claude Monet: Seerosen, 1916/19. Öl auf Leinwand, 200 x 200 cm. Musée d'Orsay, Paris*

Am 21. August 1909 erschien der Artikel eines Kunstkritikers in einer französischen Zeitschrift über Monets zuvor in einer Galerie ausgestellte Seerosen-Bilder:

Indem er sowohl das Licht als auch die Farbe reduzierte und zerlegte, indem er den Schatten selbst in farbige Spiegelungen auflöste, indem er alles so ansieht, als ob es in eine atmosphärische Flüssigkeit getaucht sei und darin schwämme; indem er alles als abgeändert und durch seine Umgebung umgewandelt betrachtet; indem er diese Umhüllung zerpflückt und entwirrt und die Methode bis „ad infinitum" anwendet, wurde der Künstler dazu gebracht, das Universum als ein wunderbares Schauspiel zu sehen, als eine atmosphärische Umwandlungsszenerie. Die Umrisse verschwimmen, Konturen scheinen sich zu einem Nimbus von blassem Licht zu kräuseln. Alles verwandelt sich in eine leuchtende Brillanz. Der Reiz des Lichtes, das extreme Aufglühen, ist fast ebenso wirksam wie die traditionelle Aufteilung von Licht und Schatten, die, um die Realität emporstreben zu lassen, sie auflösen, sie in einer Art von Vision verschwinden lassen. Alles, was von der wirklichen Welt übrig zu bleiben scheint, ist ein kaum greifbarer Dunstschleier, ein Rundtanz, ein Wirbelsturm einer strahlenden Atmosphäre, die ihr übersätes Netz von sich ändernden Illusionen in das Nichts hineinwebt. Nie hat ein Maler zuvor entschlossener die Materie abgelehnt. Niemals ist das Rechte einer in Farbe, Poesie und Schönheit ertrinkenden Fantasievorstellung kühner gegen den Beweis der Dinge und der Form ausgetauscht worden.

(Louis Gillet: Die Nymphen von M. Claude Monet. Übersetzt von Judith Landry. In: Martha Kapos, Hrsg.: Impressionismus, Köln: Könemann Verlag 1994, S. 294)

Arbeitsaufträge

1 Erläutern Sie, welchen Vorgang der zeitgenössische Artikel zu Monets Ausstellung beschreibt.

2 Überprüfen Sie den impressionistischen Ansatz kritisch mithilfe folgender Aussage des französischen Schriftstellers Michel Butor: **„Notwendigerweise muss das Modell eine gewisse Beständigkeit besitzen, damit der Maler seine Darstellung Punkt für Punkt vergleichen und der Betrachter es ihm nachtun kann."**

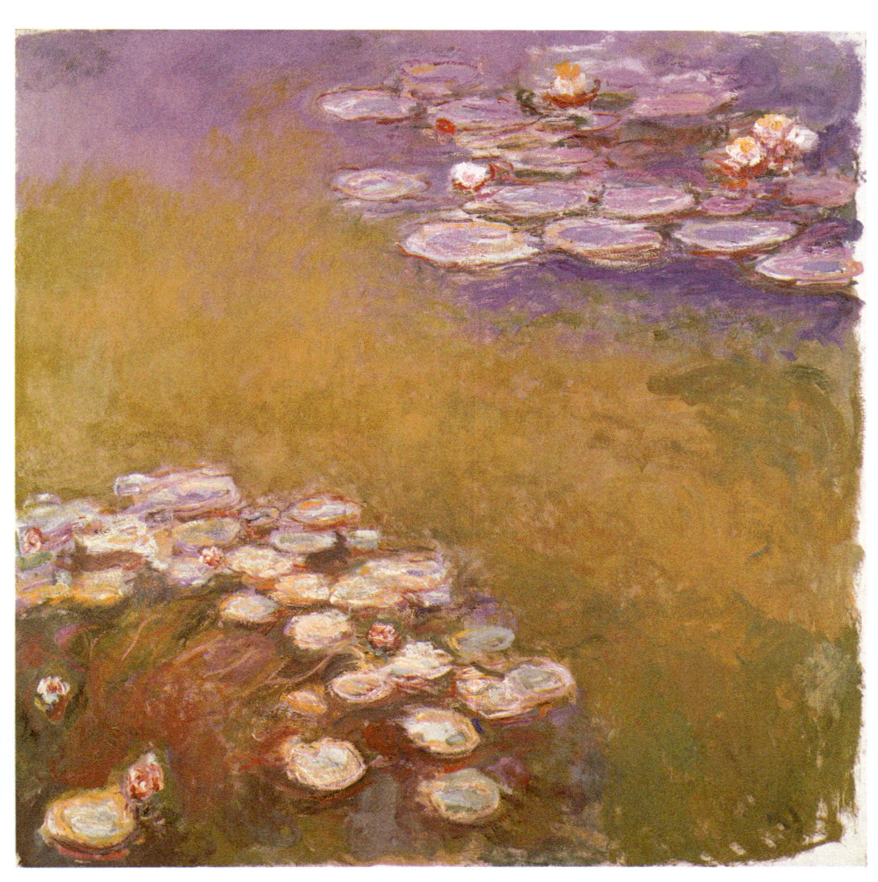

2 *Claude Monet: Seerosen, 1914. Öl auf Leinwand, 200 x 200 cm. Privatbesitz*

Die Farbe

Farbidentifizierung

Dunkelrot, Orangerot, Pink, Karminrot, Purpur, Blutrot, Magenta, Rosarot, Zinnoberrot, Tiefrot, Signalrot, … – die Liste ließe sich fortsetzen. Viele Namen für eine Farbe? Manche der Farbnamen beziehen sich auf das jeweilige ▸Pigment, das fein gemahlene Farbpulver als Grundsubstanz, aus der jede Malfarbe besteht. Andere Farbnamen bezeichnen z. B. Rot-, Gelb- und Blautöne, die nach heutigen DIN-Normen als ▸Grundfarben [▸Primärfarben] definiert sind und etwa beim Vierfarbendruck (mit Schwarz) eine zentrale Rolle spielen. Aus ihnen können – zusammen mit dem durchschimmernden Weiß des Papiers – alle anderen Farben ermischt werden. Einige Namen wiederum beziehen sich auf das Mischverhältnis mit anderen Farben. So kann die Grundfarbe etwa mit einer ▸Sekundärfarbe, der Mischfarbe von zwei Grundfarben, gemischt werden, sodass eine so genannte ▸Tertiärfarbe entsteht. Die Namen von Tertiärfarben gehen meist auf Assoziationen zurück, die wir mit der Farbe verbinden, oder auf die Farbwirkung. Wieder andere Namen beziehen sich auf die Helligkeit oder die Intensität des Farbeindrucks.

Die Qualitäten der Farbe

Jede Farbe lässt sich physikalisch in drei Qualitäten aufgliedern, die zusammen den Farbeindruck bestimmen:

▸Farbton
Farbbereich bzw. Farbrichtung, z. B. Rot als bunter, Braun als schwachbunter, Schwarz als unbunter Ton

▸Farbhelligkeit
▸Eigenhelligkeit der Farbe (am größten bei Gelb), auch Aufhellen mit Weiß oder Abdunkeln durch Beimischung von dunklen Farbpigmenten

▸Farbreinheit
▸Sättigung der Farbe oder Brechung der Intensität durch Beimischung der Komplementärfarbe (Leuchtkraftverlust), ▸Trüben durch Grauanteil etc.

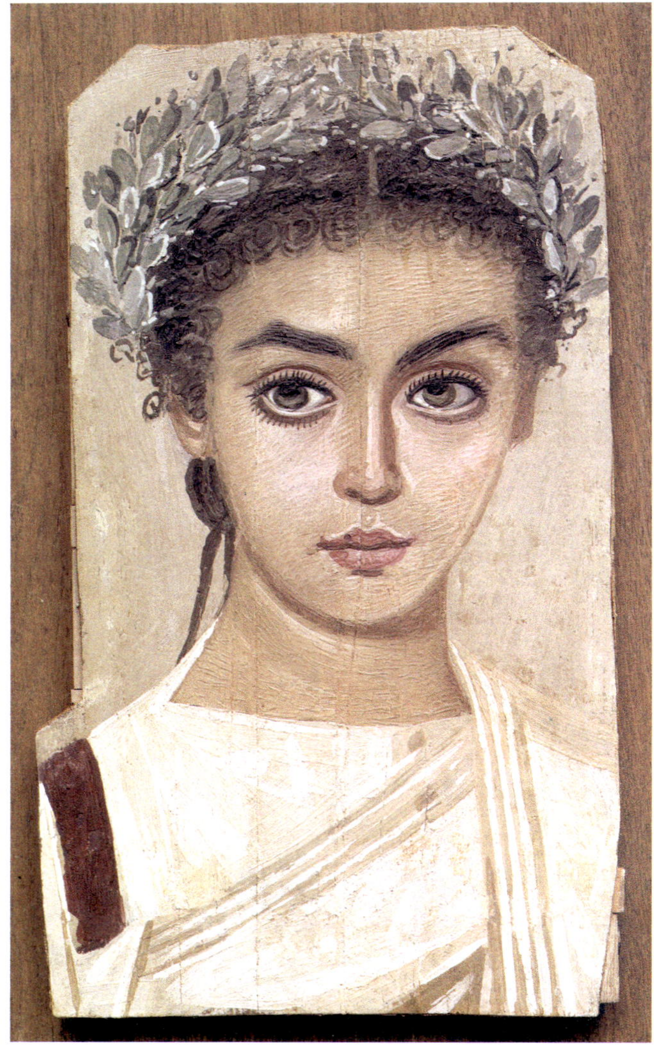

1 *Mumienbildnis eines Knaben, frühes 3. Jh. n. Chr., Wachsmalerei, 35 x 19 cm. Frankfurt, Liebieghaus*

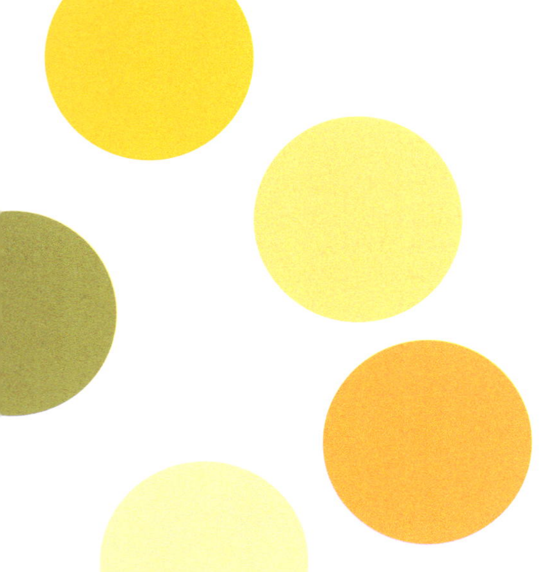

In seinem 1913 erschienenen Aufsatz „Über die Prinzipien der Farbgebung in der Malerei" fragt der Autor Hans Jantzen grundsätzlich nach Einsatzweisen und Funktion von Farben in der Malerei. Er unterscheidet Darstellungswert und Eigenwert der Farbe:

Unter „Eigenwert" verstehe ich alle diejenigen Werte in der Wirkungsweise der Farbe, die ohne Rücksicht auf den Farbenträger Geltung besitzen, in denen also die Elementarkräfte der Farbe zum Ausdruck kommen, ihr Schönheitswert, ihr Buntwert, ihre Möglichkeit, sich wechselseitig zu ergänzen, zu steigern oder abzustoßen. Unter „Darstellungswert" seien alle diejenigen Eigenschaften in der Wirkungsweise der Farbe verstanden, die darauf ausgehen, die Natur des Farbenträgers zu erklären, die nicht nur seine „Färbung" angeben, sondern auch seine Stofflichkeit, Härte, Dichte, Rauheit, Glätte, das Körperhafte ebenso gut wie seine Stellung im Raum und Licht, das heißt also diejenigen Werte, um die sich alle nachmittelalterliche Malerei, die die Welt als eine Welt individueller Dinglichkeit auffasste, unaufhörlich bemühte. Die Geschichte der Farbe in der Malerei ist die Geschichte der sich stets wandelnden Beziehungen von „Eigenwert" und „Darstellungswert" zueinander.

(Hans Jantzen: Über die Prinzipien der Farbgebung in der Malerei (1913). In: ders.: Aufsätze. Berlin 1951. S. 61 f.)

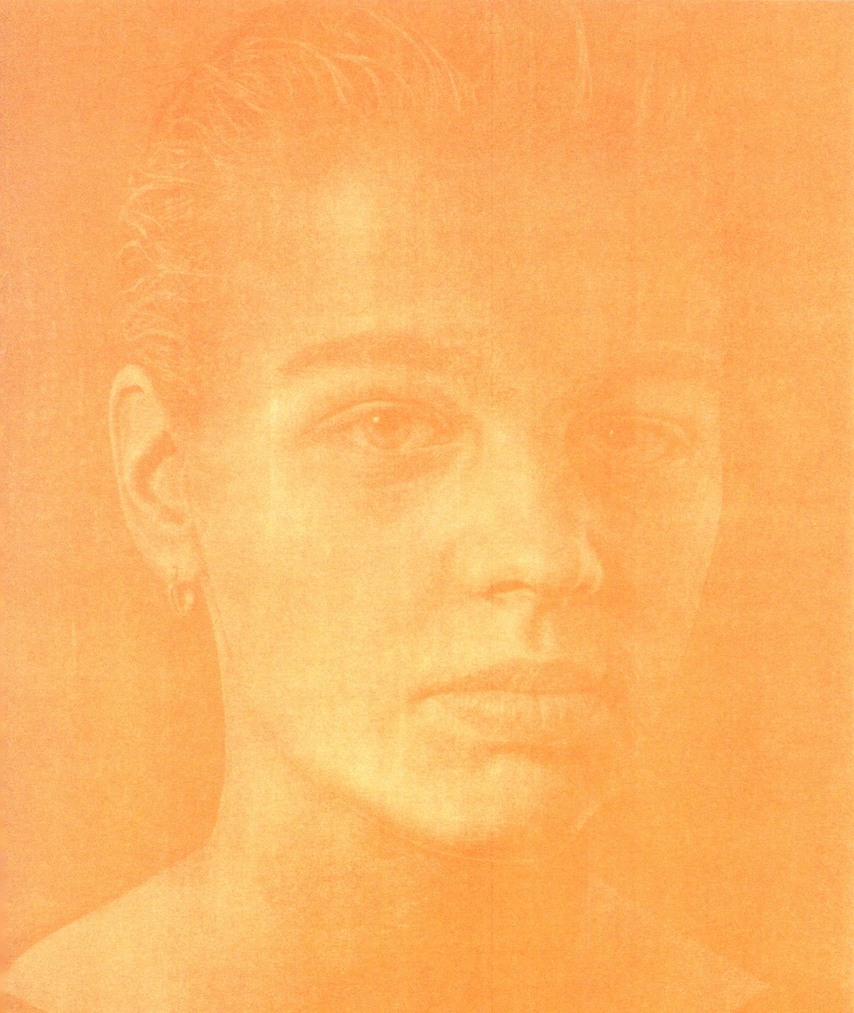

z Gertsch: Natascha IV, 1987. Holzschnitt auf handgeschöpftem Japanpapier, 276 x 217 cm. is: gelb; Expl. 1/18. Besitz des Künstlers

Beziehungen der Farbe zum Gegenstand

Lokalfarbe [Gegenstandsfarbe]:
Eigenfarbe, Körperfarbe eines Gegenstands unter neutralem Licht

Erscheinungsfarbe [Reflexfarbe]:
durch wechselhafte Beleuchtungsverhältnisse erzeugte, momentane farbige Erscheinung eines Gegenstandes

Symbolfarbe:
Farbe, die auf tiefere Sinnzusammenhänge hinweist durch ihre zeitbedingte, aber von Vielen erkennbare Bedeutung; z. B. Gold: im Mittelalter Zeichen der göttlichen Sphäre

Ausdrucksfarbe:
aus „innerer Sicht" und betont subjektiver Empfindung abgeleitete Farbgebung, häufig mit spannungsgeladenem Ausdruck

Absolute/autonome Farbe:
vom Gegenstand und von dienender Darstellungsfunktion befreite Farbe, stattdessen Farbe als eigenständiges Thema, als Bildaussage selbst; Farbwirkung oft durch große Flächen

Arbeitsaufträge

1. Finden Sie möglichst viele verschiedene Farbnamen für Gelbtöne und weisen Sie sie an Bilddetails des vorliegenden Bandes nach.
2. Erläutern Sie an Bildbeispielen den Unterschied zwischen dem Darstellungs- und Eigenwert der Farbe.
3. Um welche Farbe-Gegenstands-Beziehung handelt es sich jeweils bei den Bildern auf diesen Seiten abgedruckten Bildern?

Das Bild als Farbgefüge

Keine Farbe im Bild wird nur für sich gesehen, sie steht immer in Wechselbeziehung zu anderen Farben. Letztlich ist es das Zusammenwirken mit anderen Farben, das über ihre Wirkung auf den Betrachter entscheidet. Farbverwandtschaft etwa entsteht durch Ähnlichkeit im Farbton, in der Helligkeit oder der Intensität. Farbharmonien können einerseits durch enge Verwandtschaft der im Bild verwendeten Farben erzielt werden, anderseits aber auch durch den Ausgleich der Farbkontraste entstehen – als Ausgewogenheit von Gegensätzen. Als Farbkontraste bezeichnet man starke Gegensätze, auffallende Unterschiede zwischen den Farben. In manchen Bildern kommen auch mehrere Farbkontraste gleichzeitig zum Tragen. Der ehemalige Bauhaus-Lehrer Johannes Itten stellte in seiner 1961 veröffentlichten Farbenlehre die bekannten Farbkontraste zusammen.

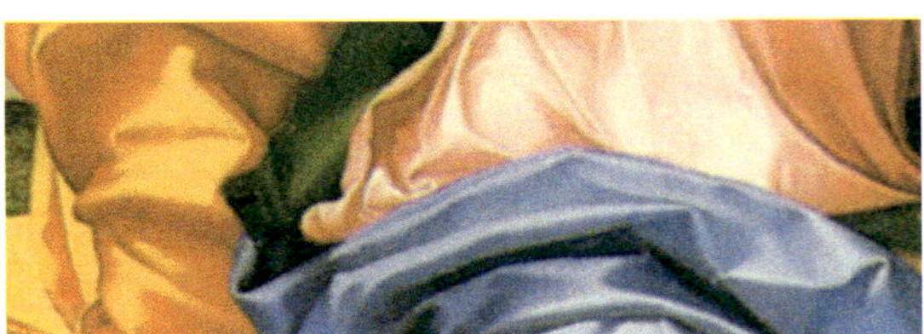

1 *Farbe-an-sich-Kontrast*

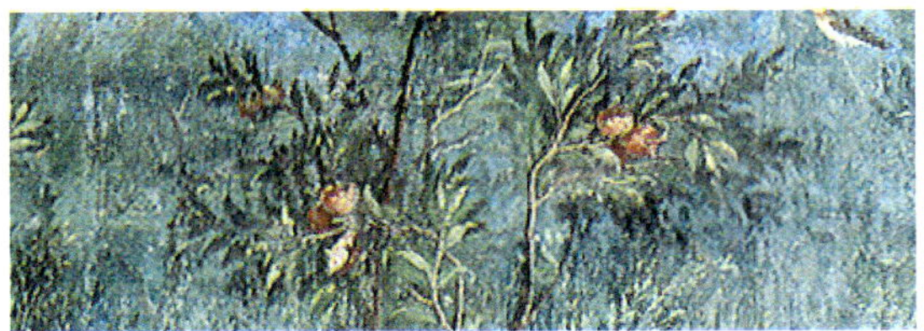

2 *Kalt-warm-Kontrast*

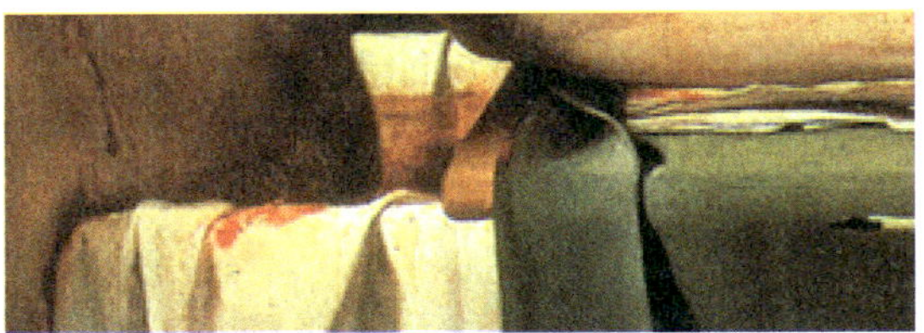

3 *Komplementärkontrast*

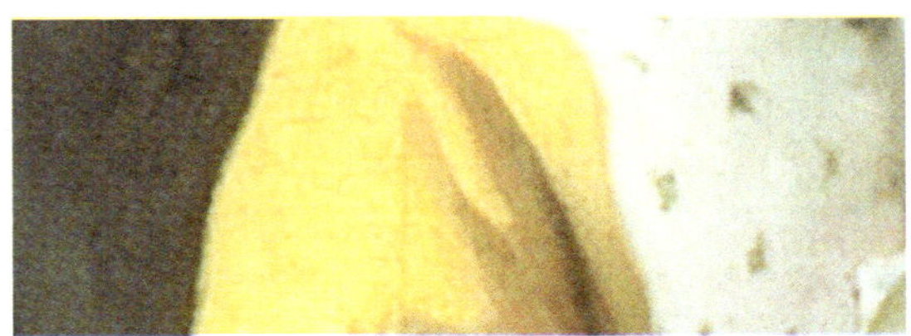

4 *Qualitätskontrast*

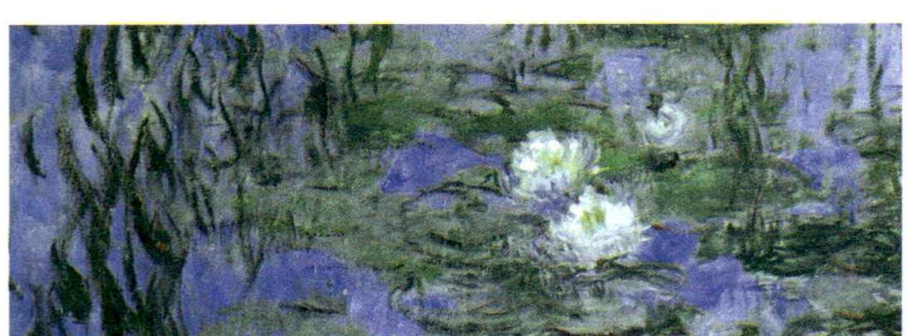

5 *Quantitätskontrast*

Farbkontraste (nach Itten)

Beim Farbe-an-sich-Kontrast entsteht die kontrastierende Wirkung aus dem Nebeneinander unterschiedlicher Farben; die stärksten Gegensätze erhält man mit reinbunten Farben, auch mit Schwarz und Weiß.

Der Hell-Dunkel-Kontrast ist ein Farbhelligkeitskontrast, der auf dem Gegensatz der (Eigen-)Helligkeiten von Farben, z.B. zwischen Gelb und Blau, aber auch zwischen aufgehellten oder abgedunkelten Farben beruht; helle Farben überstrahlen dabei die Grenzen ihrer Farbfläche.

Der Kalt-Warm-Kontrast entsteht aus dem Gegensatz von empfundenen „Farbtemperaturen"; Rotorange wird als wärmste, Blaugrün als kälteste Farbe empfunden. Warme Farben suggerieren den Eindruck von Nähe, kalte Farben den der Ferne, sodass ihre absichtsvolle Anordnung im Bild für die Farbperspektive genutzt wird.

Beim Komplementärkontrast [lateinisch: sich ergänzen] steigern sich zwei in einem Farbkreis gegenüber liegende Buntfarben [Gegenfarben, z.B. Rot und Grün] gegenseitig zu höchster Leuchtkraft. Miteinander gemischt neutralisieren sich diese Farben jedoch zu einem Grauton.

Der Simultankontrast beruht auf dem Phänomen, dass jede reine Farbe physiologisch im Auge simultan (gleichzeitig) ihre Gegenfarbe fordert und so die Wahrnehmung der benachbarten Farbe beeinflusst. Vergleichbar ist der Sukzessivkontrast: Die Komplementärfarbe erscheint in der Wahrnehmung zeitlich verzögert, als negatives Nachbild.

Der Qualitätskontrast beruht auf einem Gegensatz der Farbintensität/Buntheit, z.B. zwischen reinbunten und getrübten Farben.

Beim Quantitätskontrast herrscht ein Ungleichgewicht der vorhandenen Mengen verschiedener Farbtöne vor.

Als Elemente künstlerischer Gestaltung sind Bildfarben von den alltäglich wahrzunehmenden Farben wesensmäßig unterschieden: In der Wahl der Farben und ihrer Verteilung auf der Bildfläche ist bei vielen Werken eine Komposition zu erkennen. Man spricht hier von ▸Farbkomposition. Der erste Eindruck der Farbgestaltung wird bestimmt durch die Wahrnehmung der ▸Gesamtfarbigkeit, die Summe aller Bildfarben. Dieser Zusammenklang der Farbgebung kann als ▸Farbkonzept zwei möglichen Prinzipien folgen, einer eher buntfarbigen oder einer eher unbunten Farbwahl.

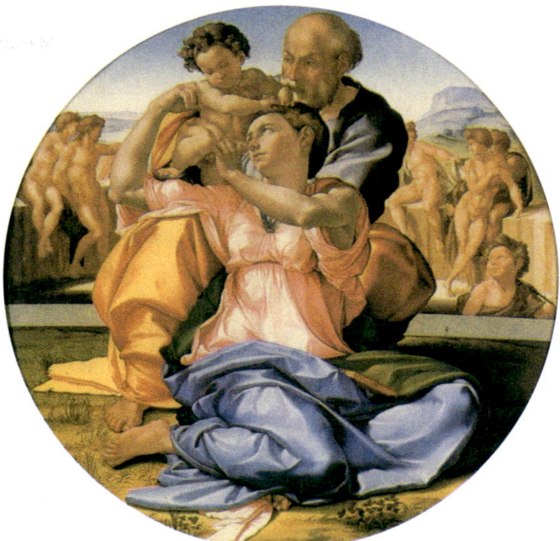

6 *Michelangelo: Die Heilige Familie mit dem heiligen Johannes (Tondo Doni). 1503/1504, Durchmesser 120 cm, Tempera auf Holz. Florenz, Uffizien*

Bildnerische Farbkonzepte

Farbwertbestimmte Malerei/Kolorismus

▸koloristische Malerei [lateinisch: gefärbt]: Eine Malerei, die auf einer buntfarbigen Farbwahl beruht und Farbe bzw. Farbkontraste als vorrangiges Gestaltungsmittel einsetzt, wird als koloristisch bezeichnet. Andere Gestaltungsmittel – wie z. B. die den Gegenstand festlegende Linie – haben bei einem koloristischen Gemälde untergeordnete Bedeutung.

▸chromatische Malerei [griechisch: farb-pigmenthaltig]: Beherrschen leuchtende, reine Farben den Gesamteindruck eines koloristischen Gemäldes, so spricht man von chromatischer Malerei.

Tonwertige Malerei/Valeurismus:

▸tonwertige Malerei, auch ▸Valeurismus genannt [französisch: Valeur = Wert]: Eine von einem eher unbunten Grundton beherrschte Malerei wird als tonwertig (auch tonig) bezeichnet. Die vorherrschende Farbe wird den ursprünglichen ▸Lokalfarben der Motive beigemischt, sodass eine ausdifferenzierte Gesamtfarbigkeit des Gemäldes entsteht.

▸monochrom [lateinisch: einfarbig]: Beschränkt sich die Farbpalette eines tonwertigen Gemäldes auf Abstufungen von nur einer Farbe, so bezeichnet man das Farbkonzept als monochrom.

▸Grisaille [französisch gris: grau]: Grisaille-Malerei, auch „Steinmalerei" genannt, beschränkt sich allein auf den Einsatz fein modulierter Grautöne.

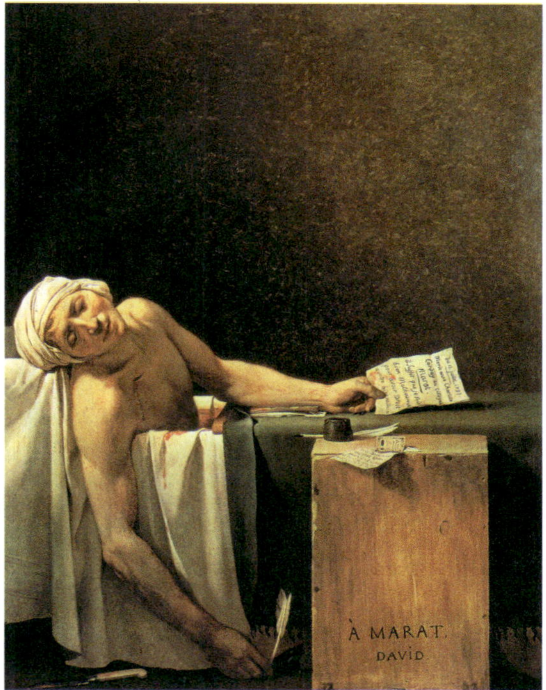

7 *Jacques-Louis David: Der Tod des Marat, 1793, Öl auf Leinwand, 165 x 128 cm. Brüssel, Musées Royaux des Beaux-Arts*

Arbeitsaufträge

1 Suchen Sie in diesem Heft nach Beispielen für koloristische und valeuristische Farbkonzepte. Begründen Sie Ihre Auswahl.

2 Analysieren Sie die Farbkonzepte und -beziehungen der Bilder auf diesen Seiten.

Werkbetrachtung
Peter Paul Rubens: Die Jagd auf Nilpferd und Krokodil

Peter Paul Rubens (1577–1640) schuf das Gemälde „Die Jagd auf Nilpferd und Krokodil" um 1616 im Auftrag des bayerischen Kurfürsten für dessen Schloss Schleißheim. Es gehörte zusammen mit einer Löwenjagd, einer Wildschweinjagd und einer Tigerjagd zu einer Gruppe von vier Jagdstücken. Die Werke, von denen nicht alle mehr erhalten sind, zeigen eng verschlungene, dramatisch agierende Strudel von Menschen- und Tierleibern im entscheidenden Moment der Jagd.

Bis heute wird der Künstler bewundert für die Lebendigkeit und Energie seiner Malerei, deren Frische den Eindruck erweckt, „als sei der Maler noch nicht weggegangen" (Erich Hubala, 1990). Rubens gilt als einer der größten Koloristen, auf ihn berufen sich viele Maler nachfolgender Generationen. Seine geschickte Aufteilung und Gewichtung der Farben steuert ihre Leuchtkraft und Wirkung. Prunkende Buntfarben etwa entfalten und steigern sich vor kontrastierenden Gründen aus eher schwachbunter, aber fortwährend modulierter Farbe. Höhepunkte der gezielt eingesetzten Buntfarbigkeit bilden häufig Akzente in intensivem Rot.

Statt die Motive durch eine abstrahierte Lokalfarbe zu kennzeichnen, sie farbig bloß „einzukleiden", formt er die Körper beleuchtungsabhängig aus der Farbe heraus und gibt ihnen so den Anschein von Fleischlichkeit und Körperwärme. Durch seine künstlerische Auffassung des Inkarnats, der Hautfarbe, erhält dieses in seinen Bildern eine zentrale Rolle. Es ist für Rubens nicht bloß eine abgeschwächte Nuance von Rosa- oder Gelbtönen. Er verschränkt das Inkarnat mit der Buntfarbigkeit von Rot und Gelb und lässt zusätzlich durch Lasuren auch Blautöne durchschimmern. So baut sich das Inkarnat aus der Trias [Dreiheit] der Grundfarben Gelb, Rot und Blau auf. Rubens' Hautfarbe ist daher nicht allein Teil des koloristischen Zusammenhangs; in ihr sind alle farblichen Variationen eingeschlossen, wie etwa Verbindungen in alle möglichen Richtungen. Hautfarbe wird zur farbigen Erscheinung und zugleich – durch den hellen Glanz der Weißhöhungen – zum Inbegriff des (himmlischen) Lichts. „Die Auffassung des Inkarnats bei Rubens bedeutet die maximale Verherrlichung des menschlichen Leibes als farbige Erscheinung", formulierte der Kunsthistoriker Hans Sedlmayr 1964.

Arbeitsaufträge

1. Stellen Sie in einem Farbauszug die wesentlichen, von Rubens verwendeten Farben in ihrer mengenmäßigen Verteilung dar. Unterteilen sie dazu ein Rechteck in entsprechend breite Streifen und malen Sie diese mit den aus dem Bild abgeleiteten Hauptfarben aus. Erläutern Sie anschließend Ihr Ergebnis.
2. Erklären Sie – aufbauend auf den Text von Lorenz Dittmann – die Verteilung und das Verhältnis zwischen Buntfarben und unbunten bzw. schwachbunten Farben. Welche Rolle spielen diese bei der Deutung des Bildes?
3. Erklären Sie das Wesen der Farbgebung Rubens' (eventuell durch einen kontrastierenden Vergleich mit einem geeigneten anderen Werk).

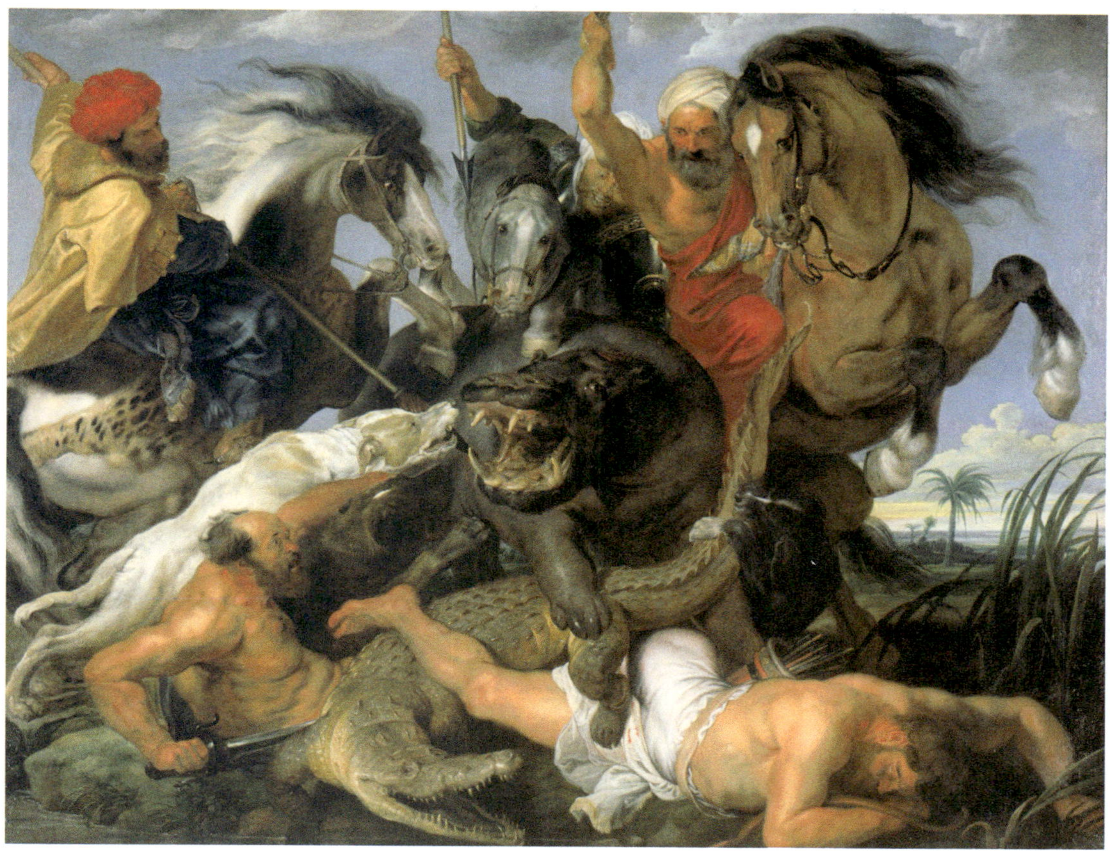

1 *Peter Paul Rubens: Jagd auf Nilpferd und Krokodil, 1615/16, Öl auf Leinwand, 247 x 321 cm. München, Alte Pinakothek*

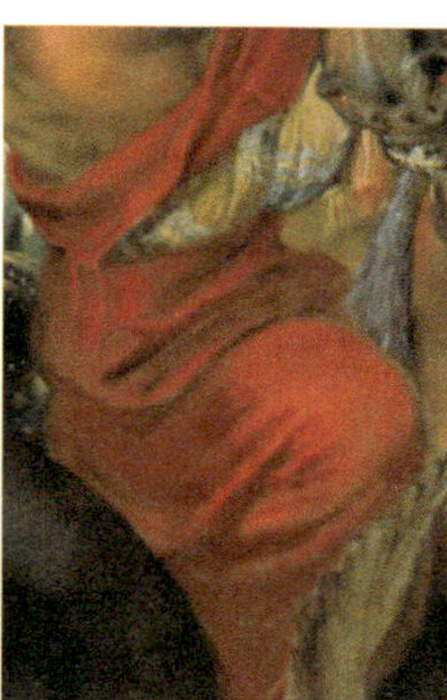

2 *Detail*

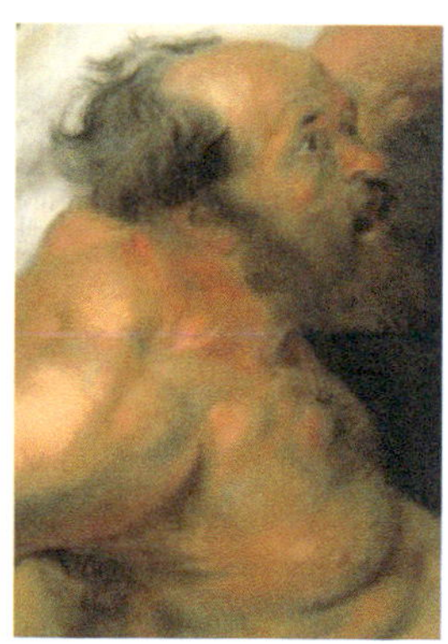

3 *Detail*

Der Kunsthistoriker Lorenz Dittmann schrieb 1979:

Die Münchner „Nilpferdjagd“ ist wesentlich vom Grau-Braun-Akkord bestimmt. Hier erscheinen die gejagten Tiere in Grau, das aber stellenweise den braunen Grund durchscheinen lässt, wie das Nilpferd, und das Krokodil in Grau- und Ockerbraun. In einem kühlen bläulichen Grün ist die linke untere Bildecke gehalten, den Lebensraum der Tiere, Ufer, Wasser, kennzeichnend. Von hier aus entfaltet sich der Kampf, über die Weiß-, Grau- und Brauntöne des Hundes, das Hell- und Dunkelgrau und Hellbraun des Apfelschimmels. Exzentrisch [außerhalb der Mitte] ist, im linken Reiter, die Trias der Grundfarben gesetzt: zitronengelb sein Mantel, zinnoberrot die Mütze, graublau sein Gewand. Das Rot wird wieder aufgenommen im Gewand des rechten Jägers, gerahmt vom schließenden Braun seines Pferdes und den Bläulich- und Grünlichgrau-Tönen des mittleren Reiters. Als Schlussmotiv wieder der Tod des Jägers. Orangebraun sein Inkarnat (antwortend dem Blaugrün des Bodens), weißlich, aufstrahlend im Licht, sein Tuch. Wieder ist die Figur umschlossen von Dunkelheit, die sich verdichtet aus dem fernen Blaugrün der Büsche und Palmen, dem Olivgrün des Mittelgrundes und des nahen Schilfs. Auch hier endet der Kampf in der Stille des lichten, von Dunkelheit gefassten toten Menschenleibes, der, horizontal hingestreckt, aufgenommen ist in der Gelassenheit der Erde. Und wieder wird er angefacht vom Menschen und seinen ihm dienstbaren Tieren, vom Menschen, dem die Grundfarben vorbehalten sind. Dessen exzentrische Positionen veranschaulichen die exzentrische Trias und die Beziehungslosigkeit der graublauen Triasfarbe zum reineren Blau des Himmels. Und gleichwohl steht der Mensch nicht außerhalb der Natur: die gelben und roten Gewandfarben schließen sich auch mit dem Himmelblau zur Trias, und das für dieses Bild [...] charakteristische orangetonige Inkarnat gehört zum Blaugrün der Vegetation und des Wassers.

(Lorenz Dittmann: Versuch über die Farbe bei Rubens. In: Erich Hubala, Hrsg.: Rubens. Kunstgeschichtliche Beiträge. Konstanz: Leo Leonhardt Verlag 1979. S. 64 f.)

Exkurs: Der naturalistische Darstellungsmodus

Das Ziel der naturalistischen Darstellungsweise ist eine größtmögliche Naturnähe – ihr liegt die Vorstellung zugrunde, durch methodischen und exakten Einsatz bildnerischer Mittel eine absolute Wirklichkeitstreue der Abbildung zu erzielen. Eine handwerklich sorgfältige Ausarbeitung des Bildes soll mithilfe der Darstellungsmittel von Formen und Farbe, von Lichtgebung und Räumlichkeit etc. dem äußeren Erscheinungsbild so nahe wie möglich kommen. In seinem Aufsatz „Naturalismus und Realismus" stellte der Basler Museumsdirektor Georg Schmidt 1959 sechs Kriterien für den naturalistischen Darstellungsmodus in der Malerei vor. Im Folgenden sind sie zusammengefasst:

Die sechs Kriterien der naturalistischen Darstellung

3 Illusionen täuschen auf der Bildfläche folgende Elemente vor:
- Körperlichkeit [durch Licht erzeugte Plastizität des Dargestellten]
- Räumlichkeit [dreidimensionale Tiefe als Raumwirkung]
- Stofflichkeit [Charakterisierung unterschiedlicher Oberflächenstrukturen/Texturen]

3 Richtigkeiten stimmen mit einem möglichen tatsächlichen Seheindruck in folgenden Punkten überein:
- zeichnerische Details [Genauigkeit der Ausführung]
- Anatomie [stimmige Proportionen der Körper, auch untereinander]
- Farbgebung [Farbtreue gegenüber dem Vorbild]

Zwischen Realismus und Naturalismus

Der naturalistische Darstellungsmodus als Versuch, Authentizität mit den Mitteln der Kunst vorzutäuschen, tritt in verschiedenen Epochen auf. Eng verwandt ist der Illusionismus, der die Grenze zwischen Realem und Dargestelltem für den Betrachter zerfließen lassen und die Augen täuschen will. Einen Höhepunkt fand dieser Ansatz im 17. Jahrhundert in den barocken Deckenmalereien, die als imaginärer Blick in den Himmel gestaltet sind, oder im Stillleben-Typus des Trompe-l'œil[1], das den Betrachter vergessen lässt, dass das, was er sieht, bloß gemalt und nicht wirklich vorhanden ist.

Die naturalistischen Kriterien (Illusionen und Richtigkeiten) können darüber hinaus sowohl bei realistischen (auf die Wirklichkeit bezogenen) Werken Verwendung finden als auch bei idealisierenden (die Wirklichkeit überhöhenden) Werken. Realismus und Idealismus gelten als die beiden Gegenpole prinzipieller Haltungen, als zwei sich grundsätzlich widersprechende Weltanschauungen, auch in der bildenden Kunst. Dennoch sind beide Haltungen in manchen Werken vereinigt vorzufinden. So verbindet sich etwa in spätmittelalterlichen Altären die Darstellung christlicher Idealvorstellungen mit einem Detailrealismus, der auf genauer Beobachtung beruht: Einzelheiten sind einerseits naturbezogen dargestellt, zugleich aber symbolisch aufgeladen und dienen der Veranschaulichung einer übergeordneten religiösen Weltsicht.

Als selbstständige, der Wiedergabe von Wirklichkeit verpflichtete Strömung tritt der Realismus in der Kunst Mitte des 19. Jahrhunderts auf: Zeitgenössische Motive sowie andere greif- und wahrnehmbare Tatsachen sollen durch ihre verdichtete Wiedergabe Erkenntnis und Wahrheit vermitteln. Alltägliches und scheinbar Bedeutungsloses – darunter auch Szenen aus der Arbeitswelt – werden erstmals eigenständige Themen ohne jede christlich-moralische Botschaft, stattdessen klingt Sozialkritik an.

1 **Trompe-l' œil:** *französisch: Augentäuschung. Malerische oder zeichnerische Darstellung, die die Illusion eines wirklich vorhandenen, körperhaften Gegenstandes hervorruft.*

„Idealistische Malerei ist eine Malerei, der es nicht um Erkenntnis, sondern um Erhöhung der Wirklichkeit geht."
Georg Schmidt (1959)

„Realistische Malerei ist eine Malerei, der es im weitesten Sinn um Erkenntnis der Wirklichkeit geht, und zwar nicht der äußeren, sichtbaren Wirklichkeit. Verstärkung des Ausdrucks innerer Wirklichkeit kann eine Schwächung des äußeren Wirklichkeitsgehalts zur Folge haben."
Georg Schmidt

„Unter Naturalismus versteht man in der Kunsttheorie die Summe der künstlerischen Mittel, mit denen ein Abbild der gegenständlichen Wirklichkeit gegeben wird."
Georg Schmidt

„Im weitesten Sinne liegt Illusionismus überall dort vor, wo in den bildenden Künsten mithilfe gestalterischer Mittel eine dem optisch erfassten Bild der Realität gemäße fiktive Erscheinungstreue als [vorgetäuschte] Darstellung angestrebt wird."
Lexikon der Kunst (1991)

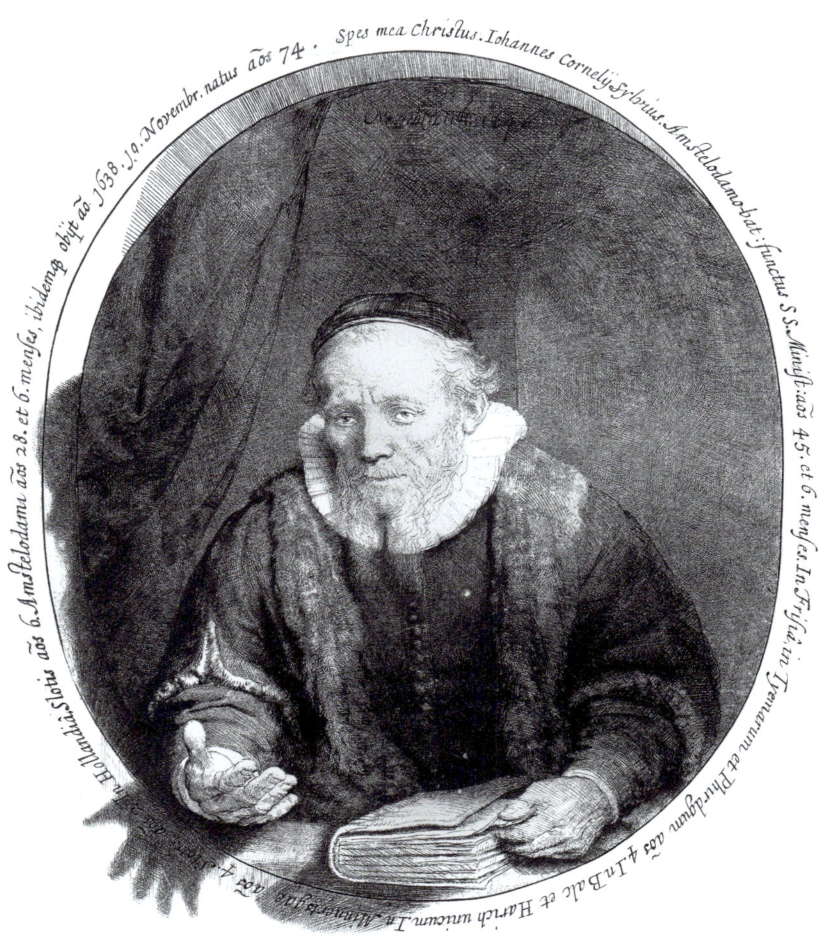

1 *Rembrandt Harmensz. van Rijn: Jan Cornelius Sylvius, Posthumes Porträt, 1646, Radierung, 27,8 x 18,8 cm. London, British Museum*

Arbeitsaufträge

1 Verdeutlichen Sie in einem Schaubild die Beziehungen – Einflüsse und Gegensätze – der vier Termini Idealismus, Realismus, Naturalismus und Illusionismus.

2 Belegen Sie jede der vier obigen Definitionen an treffenden Bildbeispielen aus diesem Band.

3 Überlegen Sie, ob es sich bei dem Werk Rembrandts um eine illusionistische, um eine realistische oder um eine idealisierende Darstellung handelt. Begründen Sie Ihre Auffassung.

4 Untersuchen Sie Caravaggios „Grablegung" (Abbildung 2, S. 29, 47) auf die sechs Kriterien naturalistischer Darstellungsweise. Erörtern Sie, ob man das Gemälde als realistische Darstellung bezeichnen kann.

Kunstwissenschaftliche Untersuchungsansätze

Einführung in die Werkuntersuchung

Wie Bilder erklären?

Mit einer Werkuntersuchung soll ein Kunstwerk begriffen und sein Inhalt erläutert werden. Im Anschluss an die Beschreibung des Inhalts (Was ist dargestellt?) und die Analyse der eingesetzten Gestaltungsmittel (Wie ist es formal und technisch dargestellt?) erfolgt die Interpretation [lateinisch: Erklärung, Deutung] eines Werkes. Sie stellt die gewonnenen Erkenntnisse in einen Sinnzusammenhang. Dazu können folgende ergänzende Leitfragen gestellt werden:
- Wo, wann und unter welchen Verhältnissen wurde das Werk geschaffen?
- Zu welchem Zweck, in wessen Auftrag und Interesse wurde das Werk geschaffen?
- Von wem wurde es wie beeinflusst?
- Wie wurde es aufgenommen?

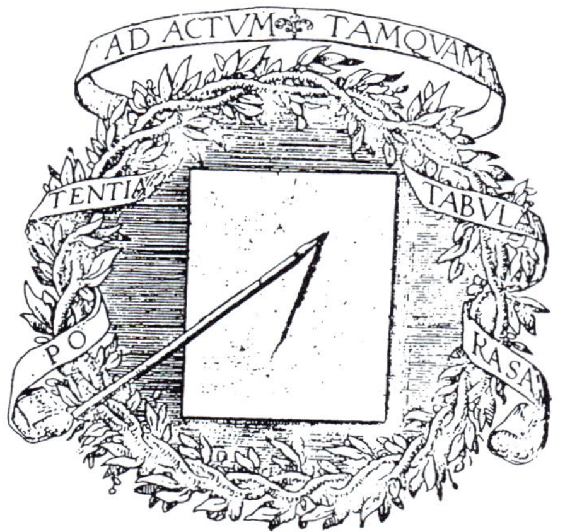

1 *Emblem auf dem Hintersatzblatt des Traktates „Diálogos de la Pintura" von Vincente Carducho: Potentia ad actum tamquam tabula rasa, Madrid 1633.*

Welche Fragen an welches Werk?

Bei der Interpretation eines Kunstwerkes spielen ebenso die Intuition des Betrachters [das nicht-rationale, gefühlsmäßige Erfassen], sowie auch sein Vorwissen und sein Erkenntnisinteresse eine Rolle: Versteht der Deutende z. B. ein Werk als vor allem von der privaten Lebenssituation des Künstlers geprägt? Geht er vielleicht davon aus, dass es in erster Linie vor dem Hintergrund bestimmter künstlerischer Auffassungen einer Epoche oder besonderer gesellschaftlicher Umstände seiner Entstehungszeit zu begreifen ist? Je nach Herangehensweise wird er dem Kunstwerk unter besonderen Fragestellungen begegnen.

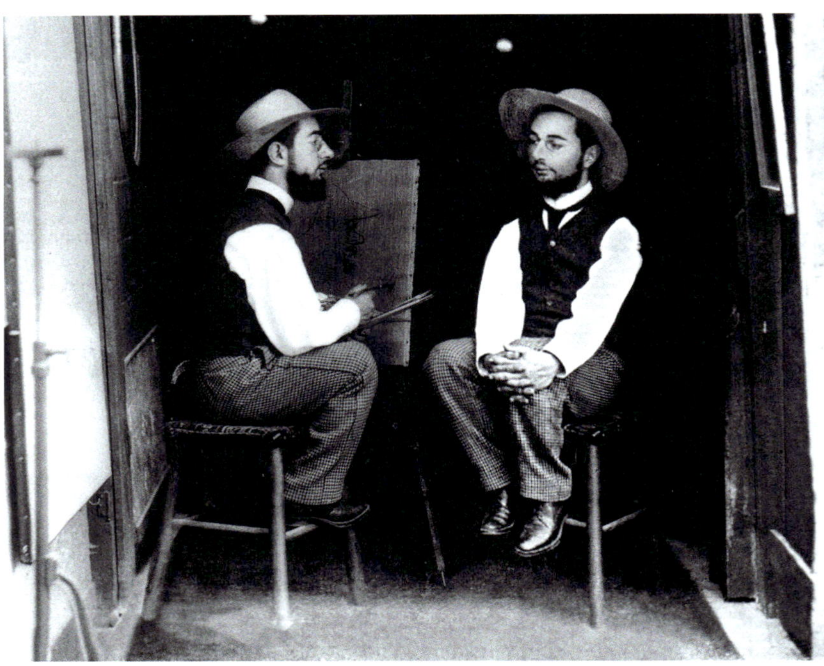

2 *Maurice Guibert: Monsieur Toulouse malt Monsieur Lautrec-Monfa, um 1892, Bromsilberpapier, 18x24 cm. Austin/Texas, Gernsheim Collection*

Was ist Interpretieren?

In der Kunstwissenschaft wurde die Frage danach, wie ein Betrachter deutend mit einem Kunstwerk umgehen und was er ihm entnehmen kann, unterschiedlich beantwortet:

„Da jedes Kunstwerk ein Ganzes ist, das heißt etwas in seiner Begrenzung zu seinem eigenen Genügen sicher Bestehendes, und da ein Ganzes nur dadurch gedacht und sinnlich aufgefasst werden kann, dass man es in Teilen begreift, die in ihm, dem Ganzen, zusammen sind, ist es für die Interpretation notwendig, ein Kunstwerk aus allen seinen [...] Teilen in ihrer Funktion für und auf das Ganze hin aufzufassen."
Kurt Badt, Kunsthistoriker (1971)

„Müssen denn Kunstwerke erklärt werden? Ist nicht das Besondere der anschaulichen Kunst, dass sie sich von selbst erklärt, dass jeder sie ohne weiteres lesen kann?"
Heinrich Wölfflin, Kunsthistoriker (1940)

„Die Interpretation folgt einer begründeten Methode und sichert die Ergebnisse durch eine kritische Argumentation."
Oskar Bätschmann, Kunsthistoriker (2003)

„Die Interpretation im modernen Stil gräbt aus; und im Akt des Ausgrabens zerstört sie. [...] Der Strom der Kunstinterpretationen vergiftet unser Empfindungsvermögen. [...] Interpretation ist die Rache des Intellekts an der Kunst."
Susan Sontag, Schriftstellerin (2003)

„Jedes Sehen ist auch schon ein Deuten."
Heinrich Wölfflin (1940)

„Je tiefer die Persönlichkeit in die Auslegung eingeht, desto wirklicher wirkt sie, desto befriedigender, überzeugender und wahrer."
Oscar Wilde, Schriftsteller (19. Jh.)

Arbeitsaufträge

1 Erklären Sie den Begriff „Interpretieren".
2 Welchen Ausführungen zur Interpretation können Sie zustimmen? Welche sind beweisbar? Begründen Sie Ihre Auffassungen.
3 Beschreiben Sie jeweils das Verhältnis von Bild und Botschaft in den auf diesen Seiten abgebildeten Werken.

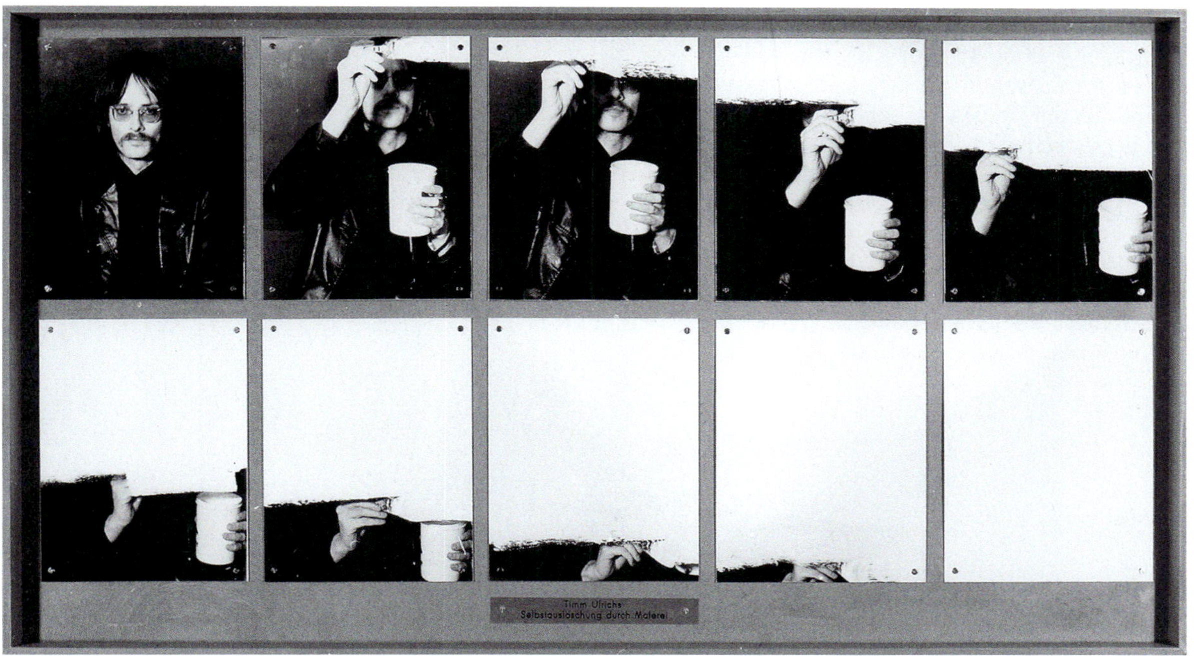

3 *Timm Ulrichs: Selbstauslöschung durch Malerei, 1973/76, Deckfarben-Übermalung einer Glasscheibe als Sequenz in 10 auf Karton kaschierten Fotos, 73,1 x 134 x 4,75 cm. Sammlung Dr. Rolf H. Krauss, Esslingen*

Die Stilanalyse

Stil und Stilanalyse

Stil bezeichnete ursprünglich die besondere Art des sprachlichen Ausdrucks. Im 18. Jahrhundert übertrug man den Begriff auch auf die bildende Kunst und meinte damit die charakteristischen bildsprachlichen Merkmale eines Kunstwerkes. Die Stilanalyse konzentriert sich auf den visuellen Befund der Bilder, also die Art der Darstellung eines Motivs; inhaltliche Deutung ist nicht ihr Ziel.
Mithilfe einer Stilanalyse lassen sich Kunstwerke in Bezug auf verschiedene Aspekte einordnen: Stil kann sich als Ausdruck einer Epoche zeigen, als Zeitstil, wie z. B. der Barock, der sich während eines bestimmten Zeitraumes in Europa ausbreitete. Seine Merkmale finden sich in allen Künsten wieder, in der Architektur, Bildhauerei und Malerei, auch im Kunsthandwerk oder in der Mode. So lässt sich die Kunstgeschichte als Stilabfolge verstehen: Ein Stil entsteht (Frühstil), kommt zur Blüte (Hochstil) und zur späten Reife (Spätstil), ein neuer Stil löst allmählich den bisherigen ab. Ein Stil kann ebenso durch eine besondere Kultur entstehen oder als Nationalstil eines, in einem bestimmten Raum lebenden Volkes; so spricht man etwa von der Malerei des französischen Barock. Auch ein politisches System kann so etwas wie einen Stil prägen, z. B. der durch die kommunistische Führung verordnete „Sozialistische Realismus" in der ehemaligen UdSSR. Nicht zuletzt entwickelt jeder Künstler einen Individualstil, der es erlaubt, einzelne Bilder in Phasen seines Gesamtwerkes einzuordnen.

Wodurch entwickelt sich ein Stil?
Der Kunsthistoriker Alois Riegl ging 1893 davon aus, dass es ein „Kunstwollen" gäbe, ein übergeordnetes geistiges Prinzip als Wollen einer bestimmten Zeit, das sich von Epoche zu Epoche wandele und zu einer Abfolge von verschiedenen Stilen führe. Stil, die besondere Formgebung der Kunstwerke einer Zeit, ist demzufolge Ausdruck einer besonderen Haltung, des allgemeinen „Kunstwollens".
Heinrich Wölfflin hingegen meinte 1915 zu den komplexen Verhältnissen bei der Ausprägung eines Stils, dass dieser jeweils von der vorherrschenden Art zu sehen geprägt sei: „Die Geschichte der Kunst ist eine Geschichte des Sehens." Für ihn steht auf der einen Seite der persönliche Stil eines Künstlers mit seinen Entwicklungen im Laufe des Lebens und Wirkens. Auf der anderen Seite aber finden die Künstler räumlich wie zeitlich gebundene Formen bereits vor, mit denen sie umgehen. Der Zeitstil solcher bildnerischen Möglichkeiten wiederum wandelt sich, je nachdem, wie sich die Verhältnisse des Individuums verändern und wie der Mensch auf immer wieder andere Weise die Welt sieht und in der Kunst neu erzeugt: Kunst als „Kunst des Auges".

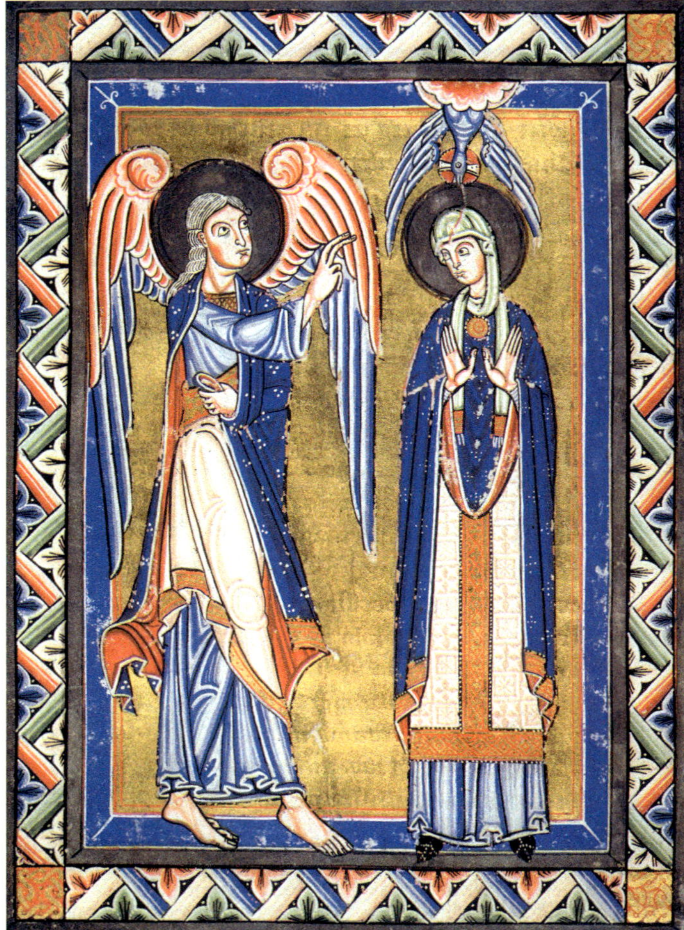

1 *Buchmalerei aus einem Schwäbischen Evangeliar, um 1150. Stuttgart, Württembergische Landesbibliothek*

Wie erkennt man einen Stil?

Zur Unterscheidung von Stilen prägte der Kunsthistoriker Heinrich Wölfflin so genannte „Kunstgeschichtliche Grundbegriffe" als kontrastierende Begriffspaare. Mit dieser Methode der vereinfachenden Gegenüberstellung von idealtypischen Gegensätzen lassen sich Stilmerkmale, die formalen Eigenarten als Kennzeichen eines Stils, leichter erfassen. Wölfflin fragte z. B.:
Isoliert die Darstellungsweise das dargestellte Objekt, folgt sie also streng dem Umriss und der plastischen Form oder gibt es im Bild eine Tendenz zur Einheit, in der alle dargestellten Erscheinungen aufgehen?
Sind nicht nur die einzelnen Motive, sondern auch das Bild insgesamt als allein für sich stehend aufgefasst oder weisen sie auf etwas hin?

Im Einzelnen untersuchte der Kunstwissenschaftler die jeweils einzuordnenden Werke in Hinblick auf fünf gegensätzliche Begriffspaare:

- die lineare bzw. malerische Auffassung,
- die flächenhafte bzw. Tiefe erzeugende Darstellung,
- die geschlossene bzw. offene Form,
- die Vielheit (relativ selbstständiger Einzelelemente) bzw. die Einheit (z. B. durch ein dominantes Leitmotiv),
- die absolute Klarheit (als Selbstzweck) bzw. die relative Klarheit (des Gegenständlichen).

Arbeitsaufträge

1 Vergleichen Sie die abgebildeten Werke mithilfe der kunstgeschichtlichen Grundbegriffe Wölfflins.

2 Suchen Sie in diesem Band jeweils nach einem Werk, das Sie zu den beiden Bildern als stilistisch verwandt empfinden. Begründen Sie Ihre Zuordnung.

3 Erläutern Sie, welches Erkenntnisinteresse der Kunstwissenschaftler Ernst Gombrich mit dem Satz beschreibt:
„Seit Wölfflin stehen zwei Projektoren im Vorlesungssaal."

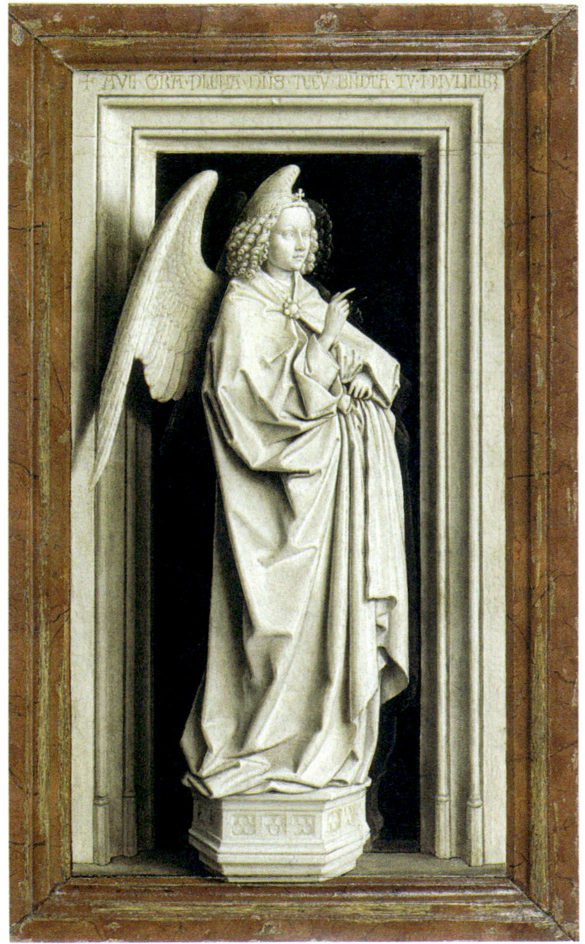

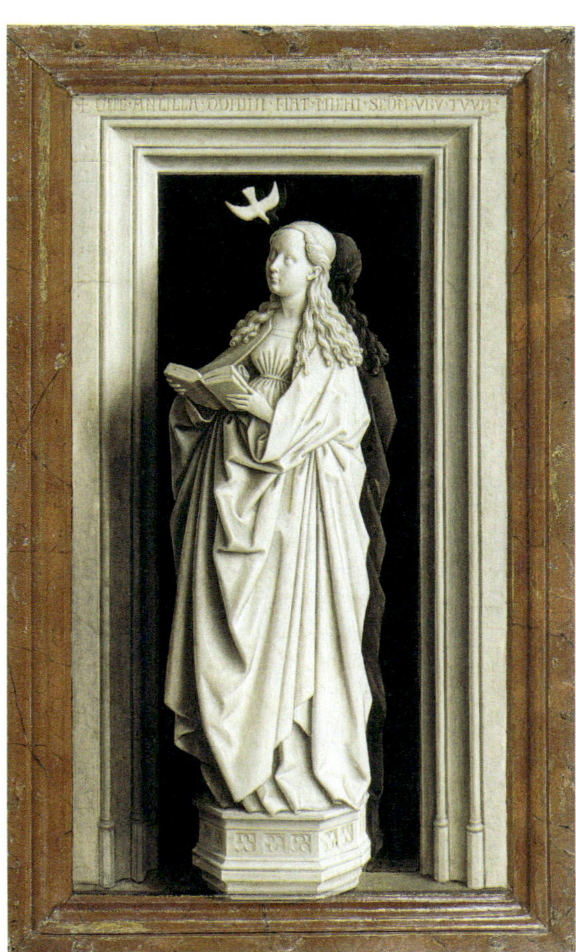

2 *Jan van Eyck: Verkündigung, um 1435, Diptychon, Öl auf Holz, je 39 x 24 cm. Madrid, Sammlung Thyssen-Bornemisza*

Die Strukturanalyse

Das Kunstwerk als geschlossenes Gefüge

Die Strukturanalyse geht von einem Bild als einem in sich geschlossenen Werk aus. In diesem wirke eine „Kraft" (vergleiche „Kunstwollen", S. 42) und präge die Gesamtheit der Beziehungen – sowohl das Verhältnis der Teile untereinander wie auch das der einzelnen Elemente zum Ganzen. Die sich ergebende formale Organisation nennt sie die Struktur des Kunstwerkes.

Der ursprüngliche Ansatz der Strukturanalyse klammerte Entstehungs- oder Wirkungsgeschichte weitgehend aus, ebenso die inhaltliche Bedeutung verwendeter Motive; tradierte Stilvorstellungen sollten unbeachtet bleiben. Stattdessen konzentrierte sich die Strukturforschung zunächst ganz auf werkimmanente [dem Werk „innewohnende"] Aspekte, also auf die Untersuchung der sichtbaren formalen Merkmale des Werkes selbst. Um es in größtmöglicher Exaktheit allein aus sich heraus zu erschließen, wurden die Grenzen des Untersuchungsobjektes nicht verlassen. Betrachtend, beschreibend und begreifend sollte man zu den Gesetzmäßigkeiten des Werkes vordringen. Erst spätere Generationen von Strukturforschern erweiterten die Untersuchung um werktranszendente (über das Werk hinausweisende) Fragestellungen, z. B. nach dem symbolischen Gehalt von Strukturen.

Das Ganze und seine Teile

Ziel der Analyse ist die Erkenntnis der Anordnung von Tatsachen verschiedener Beschaffenheit in ihrer Beziehung auf ein übergeordnetes Ganzes hin – das Bild wird als Figuration von Kräften verstanden, die sich auf allen Ebenen durchdringen. „Das Ganze muss aus den Teilen, die Teile aus dem Ganzen verstanden werden", schrieb Hans Sedlmayr (1896–1984), ein bedeutender Vertreter der Strukturforschung.

Gesetzmäßigkeiten zeigen sich im Strukturgerüst: in den Einzelheiten der Feinstruktur, der Beziehung der kleinsten Teilchen eines Bildes zueinander, ebenso wie in der alles übergreifenden Groß- oder Gesamtstruktur. Solche möglichen Beziehungen reichen vom Parallelbezug über den Ähnlichkeitsbezug bis hin zum Gegensatzbezug oder sogar zur Bezuglosigkeit. Durch die Untersuchung vieler Werke einer Epoche soll sich als Summe von Verwandtschaften deren Grundstruktur offenbaren, der Geist, aus dem heraus Künstler einer Zeit ihre Werke schaffen. In der Struktur des Werkes selbst offenbaren sich demnach zuletzt überindividuelle Merkmale einer Epoche.

Hans Sedlmayr entwickelte ein Analysemodell, das den Bildsinn in mehreren Schritten induktiv, d. h. vom Einzelnen zum Allgemeinen fortschreitend, zu erschließen versucht. Er nahm Anregungen der Kunstpsychologie (S. 59) und der ikonologischen Methode (S. 50 f.) auf und ging von einem „gestaffelten" – mehrschichtigen – Bildsinn aus.

Mögliche Schritte einer Strukturanalyse sind:
- die Bestandsaufnahme des Gegebenen bzw. des ursprünglichen Zustandes zur Klärung des materiellen Bestands eines Werkes (Titel, Maße, ...)
- die Beschreibung des ersten Eindrucks, den das Werk hinterlässt, seiner Anmutungs- bzw. Ausdrucksqualitäten (S. 8 f.)
- die werkimmanente Formanalyse (Motive, Komposition, Farben, ...) zur Erarbeitung des „wörtlichen" (sichtbaren) Bildsinns
- die Klärung von Bezügen zu zeitgenössischen literarischen Quellen zwecks Erarbeitung des allegorischen [historisch-zeitgebundenen] Bildsinns
- interpretierend-spekulative Schritte, d. h. das Herausstellen des spirituellen, überzeitlichen Bildsinns (als geistiger Besitz des Interpreten)

Arbeitsaufträge

1 Suchen Sie nach Gemeinsamkeiten und Unterschieden zwischen den Begriffen „Stil" (S. 42 f.) und „Struktur".

2 Informieren Sie sich auf S. 18 f. über den Analyseaspekt „Strukturen und Formen". Wie verhalten sich die dort genannten Begriffe und Erklärungen zum Strukturbegriff der Strukturanalyse?

3 Interpretieren Sie das Bild von Gabriel Metsu nach der Methode Sedlmayrs und besprechen Sie Ihr Ergebnis in der Gruppe. Diskutieren Sie anschließend: Welche Vorteile bietet dieser Ansatz, wo treten Schwierigkeiten auf?

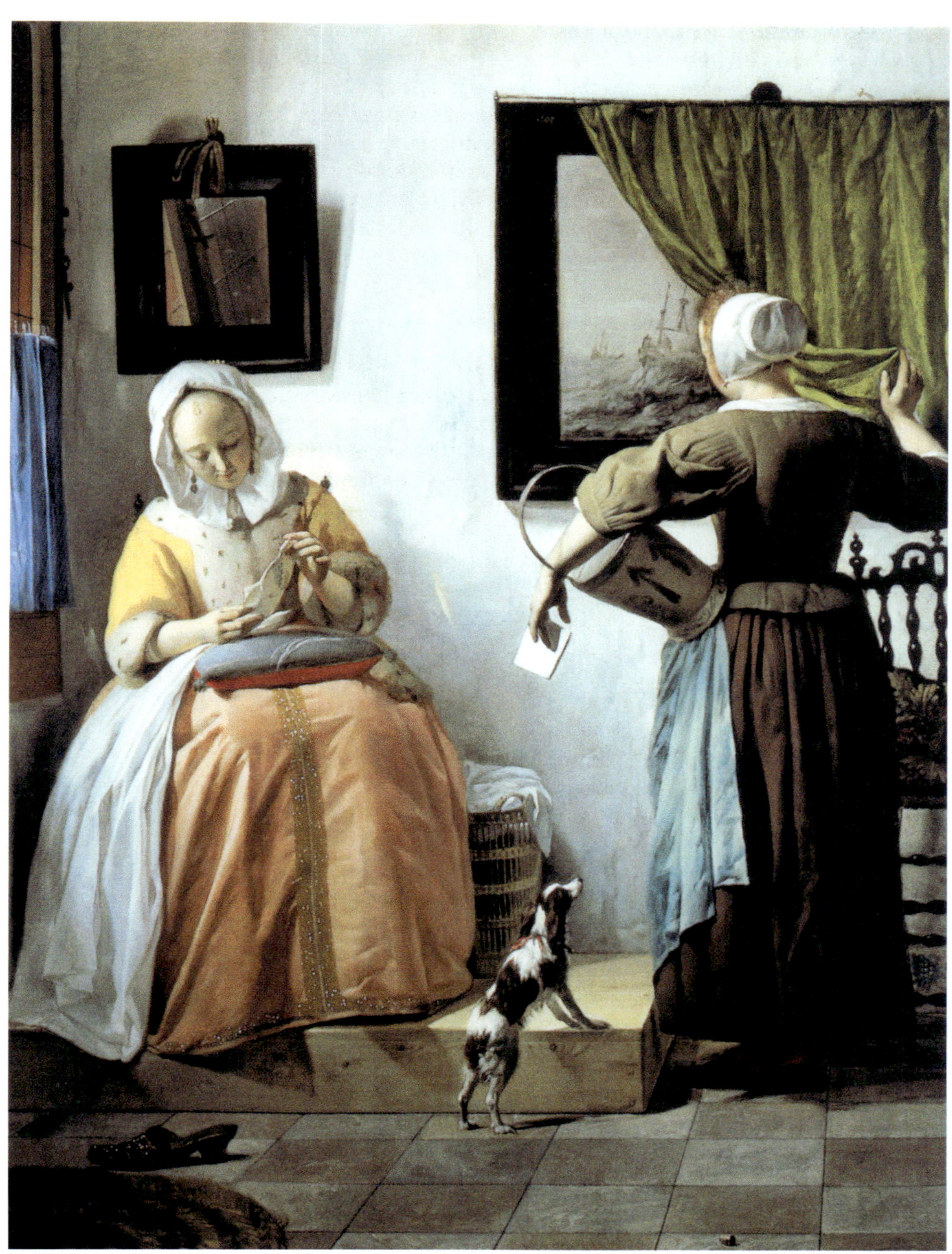

1 *Gabriel Metsu: Frau, einen Brief lesend, mit Dienstmagd, um 1662–1665, Öl auf Leinwand, 52,5 x 40,2 cm. Dublin, National Gallery*

Die Motivkunde

Bildtitel und Bildgegenstand

Fragt man nach dem Sinn einer Darstellung, ist der Titel meist nicht entscheidend. Oft wurde er dem Werk erst im Nachhinein – als knappe, einordnende Bezeichnung – von Museumskuratoren oder Kunsthistorikern verliehen. Häufig leitet er sich von einem das Bild beherrschenden Motiv oder von einer literarischen Quelle ab, die der dargestellten Szene zugrunde liegt.

Vom 17. bis ins 19. Jahrhundert unterschied die akademische Lehre zwischen den Bildgattungen, einzelnen Bildaufgaben der Malerei. Kriterium ihrer Rangfolge war die Bedeutsamkeit des dargestellten Gegenstands und die damit verbundenen Anforderungen an den Maler. Dem Historienbild erkannten die Zeitgenossen den höchsten Rang innerhalb der klassischen Bildgattungen zu. Es galt als Krönung der künstlerischen Tätigkeit. Diese Wertschätzung ist im belehrenden Charakter seiner Bildthemen zu suchen: Hier agieren „Helden der Geschichte", herausragende Einzelpersönlichkeiten als sichtbare Vorbilder für den Betrachter. Das Genrebild [Genre = lateinisch: Wesen, Art] hingegen zeigt Szenen aus der Alltagswelt vor allem der unteren Schichten, der Bürger und Bauern. Es beschäftigt sich – zugleich realistisch, verallgemeinernd, aber auch verspottend – mit dem „Generellen", dem „Gewöhnlichen", „Gemeinen", allzu Menschlichen; entsprechend galt es als untergeordnete Gattung. Im Einzelnen ergab sich in der akademischen Rangordnung folgende Hierarchie von Themenbereichen:

Bildgattungen

Historienbilder	**Porträts**	**Landschaftsbilder**	**Genre-/Sittenbilder**	**Stillleben**
biblische Themen/ Heiligenlegenden – Mythologie – antike Geschichte – Ereignisgeschichte – Allegorien	Gruppenporträt (Familienbildnis, Zunftbildnis, ...) – Doppelporträt (Ehegattenbildnis, Freundschaftsbildnis) – Einzelporträt (Herrscherporträt, Selbstporträt, ...)	reale Landschaft (topografische Landschaft) – ideale Landschaft (Weltlandschaft, heroische Landschaft, Stimmungslandschaft, ...)	(Bankettstück, Bauernszene, Interieur, Schäferszene, Idylle, ...)	(Sachstudie, Küchen- oder Marktstück, Prunkstillleben, Vanitasstillleben [Vanitas = lateinisch: Vergänglichkeit], Trompe-l'œil, ...)

Die Motive

Sichtbarer Gegenstand der künstlerischen Darstellung ist das Motiv, etwa eine Person oder eine Landschaft. Das Hauptmotiv beherrscht die Situation, es kann vom Bild nicht ohne inhaltliche Änderung gelöst werden; Nebenmotive treten häufig ergänzend oder verstärkend hinzu. Dabei können die einzelnen Motive des Werkes aus einem verwandten Motivbereich stammen und eine Motivbündelung bilden. Aber auch aus entfernten Motivbereichen stammende Einzelmotive können in einer Motivverflechtung eine Bildidee verdeutlichen.

Die „Inhalte“ eines Bildes

Als ▸Stoff (auch ▸Sujet) bezeichnet man die Vorlage, vor allem von Historienbildern, den Bildanlass einer künstlerischen Darstellung, der schon außerhalb des Kunstwerkes existiert. Diese „Quelle“ braucht nicht künstlerisch (literarisch) zu sein.

Das ▸Motiv wiederum bringt den Stoff dergestalt zur Darstellung, dass ein Thema sichtbar wird.

Der Titel ist häufig aus dem Stoff oder Motiv abgeleitet.

Als ▸Thema gilt das geistige Anliegen, der Leitgedanke eines Werkes.

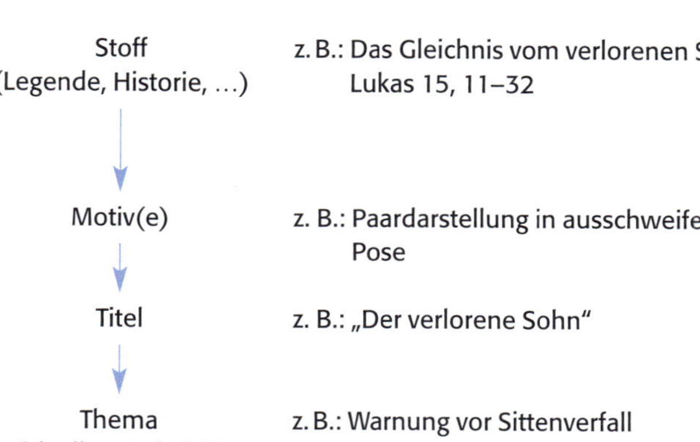

Arbeitsaufträge

1 Untersuchen Sie das Werk von Caravaggio auf die in dem Abschnitt „Die Motive“ genannten Aspekte hin.

2 Unterscheiden Sie am Bild zwischen Titel, Stoff, Motiv und Thema.

1 *Caravaggio: Grablegung (aus der Chiesa Nuova), 1602–1604, Öl auf Leinwand, 300 x 203 cm. Rom, Vatikanische Museen*

Ikonografie, die Lehre von den Bildinhalten

Die Ikonografie

Der Begriff setzt sich aus den griechischen Wörtern eikon [Bild] und graphein [schreiben] zusammen und bezeichnet eine beschreibende Wissenschaft, eine Art „Bilderkunde". Gemeint ist die Lehre von den Bildinhalten (zumeist vergangener Jahrhunderte), die heutigen Betrachtern häufig nicht mehr gegenwärtig sind, vor allem solche aus der antiken Mythologie und der christlichen Welt des Mittelalters. Alttestamentarische Geschichten, Heiligenlegenden, griechische Sagen, römische Historie sind Stoffe, die bis ins 20. Jahrhundert immer wieder von Künstlern aufgegriffen und in Bildern interpretiert wurden. Die Ikonografie bestimmt den dargestellten Inhalt, identifiziert die Motive, benennt die gewählte Szene etc. Dazu sucht sie nach zeitgenössischen literarischen Quellen, die in Bezug zur bildlichen Darstellung gesetzt werden können, aber auch nach vergleichbaren Bildern; sie erforscht die Entstehung der Motive, klassifiziert sie und untersucht ihren Wandel im Laufe der Geschichte.

„Wir ziehen mehr Vergnügen aus Rätseln, geistreichen Wortspielen und Scherzen, in denen etwas Geheimes und Verborgenes versteckt ist, als aus Dingen, die auf den ersten Blick verständlich sind."

(Johan de Brune d. J., niederländischer Schriftsteller, 17. Jh.)

Veranschaulichungen und Verschlüsselungen

Bereits 1593 veröffentlichte der italienische Schriftsteller Cesare Ripa ein Handbuch, in dem er festzulegen versuchte, wie abstrakte Begriffe – z. B. „Malerei" – bildlich darzustellen seien. Häufig bediente er sich der Personifikation durch eine Figur, die die an sich unanschauliche Idee verkörpern soll. Ihre jeweilige Kennzeichnung geschah durch besondere Gesten und Mimik, durch spezielle Kleidung und charakteristische Attribute [lateinisch: das Zugeteilte]. Dies sind zur Identifizierung einer Person oder Personifikation beigefügte – gewissermaßen einvernehmlich mit besonderer Bedeutung verknüpfte – Gegenstände. So sind etwa Augenbinde, Waage und Schwert die allgemein bekannten Attribute von „Justitia", der Gerechtigkeit. Sie sollen die dargestellte Idee als Personifikation eindeutig festlegen. Verwandt ist die Allegorie [griechisch: anders ausdrücken], die Vorstellungen und gedankliche Zusammenhänge in ihren Bedeutungen veranschaulichen will. Häufig geschieht dies durch eine oder mehrere Personifikation(en), die eine fiktive Handlung vollziehen (z. B. „Die Freiheit führt das Volk"). Das Symbol wiederum verweist auf einen tieferen, vieldeutigen Gehalt, den es in einem einleuchtenden Zeichen zusammenfasst (z. B. der Totenschädel als Symbol für Sterblichkeit, Tod, ...).

Unsere Kenntnisse z. B. über die christliche Ikonografie sind in Lexika überliefert. So liest man in einem Handbuch unter dem Stichwort „Schiff" folgenden Artikel:

Schiff, als Symbol das Fahrzeug, das Himmelskörper, wie vor allem die Sonne (oft anstelle eines Wagens) über den Himmel oder Tote in einen Jenseitsland befördert. [...] Allgemein kann das Schiff (das Boot, die Barke) als Symbol für Reise und auch Lebensfahrt gelten, auch in der christlichen Bilderwelt. „Das Leben in dieser Welt ist wie ein stürmisches Meer, durch das hindurch wir unser Schiff in den Hafen führen müssen. Wenn es uns gelingt, den Verlockungen der Sirenen [Frauengestalten in der Odyssee, die durch ihren betörenden Gesang Seeleute in die Irre führten] zu widerstehen, wird es uns zum ewigen Leben führen" (St. Augustinus). Oft wird die Kirche als Schiff, etwa als „Arche Noah", symbolisiert, die zum himmlischen Ziel trägt [...]. Das Kreuz wird ebenfalls bald als Mast, bald als Anker der Hoffnung gedeutet.

(Zitiert nach: Hans Biedermann, Knaurs Lexikon der Symbole, Lizenzausgabe, Erfstadt: area-Verlag 2004, S. 381)

Ein Fallbeispiel – Gabriel Metsu: Frau, einen Brief lesend

Im Spiegel – Symbol von Eitelkeit, Vergänglichkeit, Wollust, auch von weiblicher Passivität – ist das Fenster zu sehen.

Das noch halb verdeckte Bild der stürmischen See kann sinnbildlich für die räumliche Trennung und eine drohende Gefahr stehen.

Der Vorhang, damals als Licht- und Sichtschutz vor kostbaren Gemälden üblich, enthüllt – teilweise beiseite geschoben – diskret sein Geheimnis.

Das geöffnete Fenster deutet von außen kommende Einflüsse an. Von den zeitgenössischen Betrachtern wurde es als Zeichen für Empfänglichkeit verstanden.

Das seitlich einfallende Licht dringt in die intime Atmosphäre des Interieurs ein. Es galt als Grundlage des Sehens und Erkennens.

Der Brief und die Lektüre seiner Botschaft (Lesen galt als Ausdruck weiblicher Bildung) nimmt die Frau ganz in Anspruch.

Die Handarbeit, ein Sinnbild häuslicher Tugend, liegt unterbrochen auf dem Schoß der Frau.

Das Podest am Fenster, eine Art „Ausguck", verweist auf eine vorhandene Erwartungshaltung.

Der einzelne Schuh verweist auf das Fehlen des anderen. Bis heute ist er Fruchtbarkeitssymbol bei Hochzeitsbräuchen, da der Fuß in ihn eintaucht.

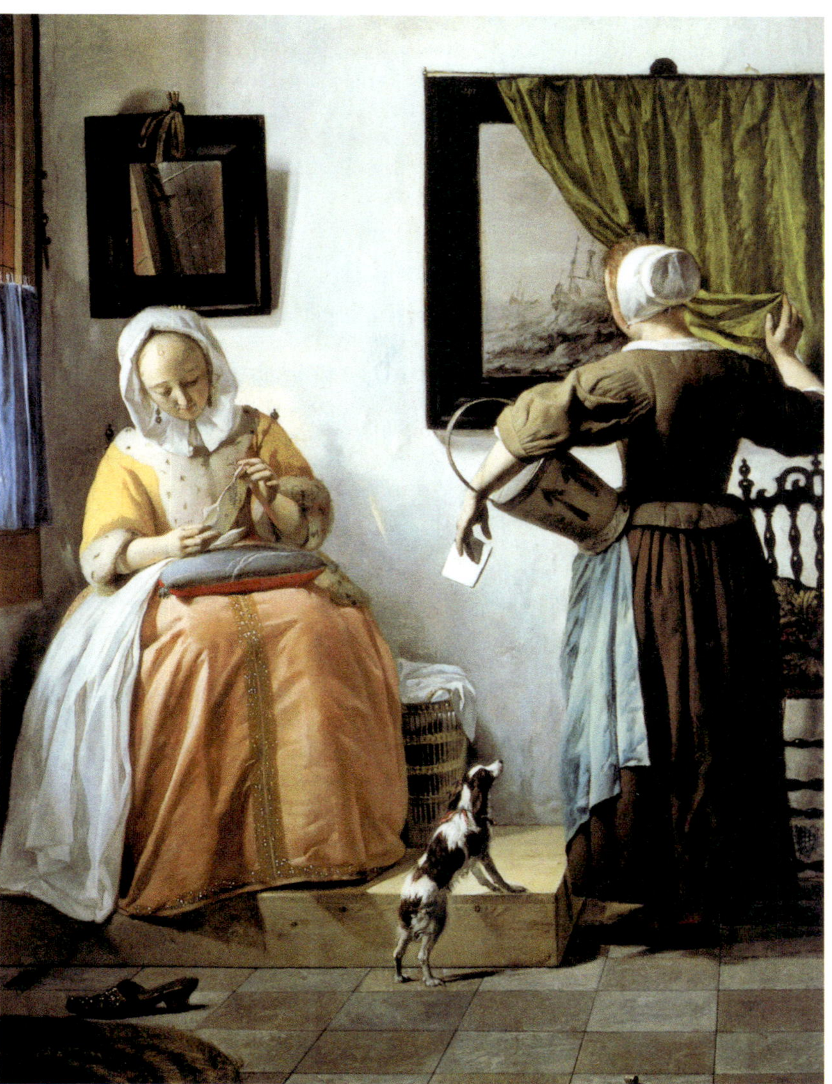

Die Magd, die den Umschlag des Briefes noch in der Hand hält, kann als eine ins Vertrauen gezogene Botin verstanden werden.

Der leere Kübel, Zeichen noch unerledigter Hausarbeit, kann für Müßiggang stehen, den Anfang aller Laster. Zugleich aber war er Sinnbild des Empfangens.

Der Hund (Symbol von Wachsamkeit und Treue, aber auch triebhafter Begierde) nimmt eine unruhig-neugierige Haltung an.

Das Hausinnere, das „Gehäuse", galt im 17. Jahrhundert als angemessener Aufenthaltsort anständiger Frauen.

Herumliegende Gegenstände – wie Schuh und Fingerhut – können als Zeichen beginnender Unordnung gedeutet werden.

1 *Gabriel Metsu: Frau, einen Brief lesend, mit Dienstmagd, um 1662–1665, Öl auf Leinwand, 52,5 x 40,2 cm. Dublin, National Gallery*

Arbeitsaufträge

1. Beziehen Sie den lexikalischen Artikel zum Symbol „Schiff" auf das Gemälde von Metsu.
2. Setzen Sie die ikonografischen Bedeutungen der einzelnen Motive in einen inhaltlichen Zusammenhang.
3. Erläutern Sie die Aussage des niederländischen Schriftstellers aus dem 17. Jahrhundert am Bild von Metsu.
4. Diskutieren Sie die Frage, inwiefern sich die Ikonografie zur Deutung moderner Kunst eignet.

Ikonologie, die deutende Symbolkunde

Die Ikonologie

Nach 1900 entwickelte sich ein Zweig der Kunstwissenschaft, der Kunst vor allem als Bedeutungsträger erforschte: die Ikonologie, die deutende Symbolkunde. Sie fragt nach der tieferen Bedeutung der Darstellung und interpretiert das Werk im Kontext seiner Zeit, bezogen auf sein kulturgeschichtliches Umfeld: „Ikonografie bezeichnet die Disziplin der Gegenstandsidentifizierung, Ikonologie dagegen synthetische Deutung und das Begreifen von Gesamtinhalten", formulierte der Kunstwissenschaftler Hermann Bauer 1989. Bei der Interpretation bezieht sich die Ikonologie auf den religiösen und philosophischen Hintergrund, berücksichtigt Geschichte, Literatur, Mythologie und Philosophie. Sie fragt, warum bestimmte Maler zu bestimmten Zeiten bestimmte Themen in einer bestimmten Art und Weise darstellten.

Das Interpretationsmodell von Erwin Panofsky

Der Kunstwissenschaftler Erwin Panofsky (1892–1968) verstand das Kunstwerk als eine von vornherein sinnvolle, symbolische Konstruktion. Um zu einer Bedeutungsinterpretation zu gelangen, entwickelte er ein dreistufiges Modell des Erfassens, Verstehens und Erklärens. So zeigt die von ihm entworfene Übersicht ein System von Interpretationsschritten, die vom Augenscheinlichen zu tieferen Bedeutungsebenen voranschreiten und Zug um Zug den Gehalt eines Kunstwerkes enthüllen helfen. Vom Interpreten werden dabei vielfältige Erfahrungen und umfassende literarische Kenntnisse, aber auch Intuition verlangt:

Gegenstand der Interpretation	**Akt der Interpretation**	**Ausrüstung für die Interpretation**	**Korrektivprinzip der Interpretation** (Traditionsgeschichte)
I. Primäres oder natürliches Sujet – (A) tatsachenhaft, (B) ausdruckhaft, das die Welt künstlerischer Motive bildet	Vorikonografische Beschreibung (und pseudoformale Analyse)	Praktische Erfahrung (Vertrautheit mit Gegenständen und Ereignissen)	Stilgeschichte (Einsicht in die Art und Weise, wie unter wechselnden historischen Bedingungen Gegenstände und Ereignisse durch Formen ausgedrückt wurden)
II. Sekundäres oder konventionales Sujet, das die Welt von Bildern, Anekdoten und Allegorien bildet	Ikonografische Analyse	Kenntnis literarischer Quellen (Vertrautheit mit bestimmten Themen und Vorstellungen)	Typengeschichte (Einsicht in die Art und Weise, wie unter wechselnden historischen Bedingungen Themen oder Vorstellungen durch Gegenstände und Ereignisse ausgedrückt wurden)
III. Eigentliche Bedeutung oder Gehalt, der die Welt „symbolischer" Werte bildet	Ikonologische Interpretation	Synthetische Intuition (Vertrautheit mit den wesentlichen Tendenzen des menschlichen Geistes), geprägt durch persönliche Psychologie und „Weltanschauung"	Geschichte kultureller Symptome oder „Symbole" allgemein (Einsicht in die Art und Weise, wie unter wechselnden historischen Bedingungen wesentliche Tendenzen des menschlichen Geistes durch Themen und Vorstellungen ausgedrückt wurden)

Arbeitsaufträge

1. Erläutern Sie nach der Textlektüre Panofskys Methode an seinem tabellarischen Modell mit eigenen Worten.
2. Erproben Sie das ikonologische Interpretationsmodell an Caravaggios „Grablegung" (S. 29).

Der Klassiker: Panofskys Hut

Die Kunsthistorikerin Sabine Poeschel schrieb:

Erwin Panofsky publizierte 1939 eine von ihm entwickelte, systematische Methode in drei Schritten, die zwar vielfach kritisiert wurde, aber dennoch fortwährend angewandt wird. Selbst wenn Panofskys Methode der Kunstanalyse ihre Grenzen hat und die Gestaltung als Bildzweck und -gehalt nicht berücksichtigt, ist die Ikonologie bisher das einzig schematische, ausgearbeitete Erkenntnismodell der Kunstgeschichte, mit dem der „eigentliche Sinn" der Kunstwerke ermittelt werden kann.

Der erste Schritt besteht in der faktischen Feststellung der Bildelemente, Bildgegenstände und künstlerischen Motive im Vorgang des Wahrnehmens und Beschreibens. Panofsky erklärte diesen Phänomensinn am Beispiel eines Bekannten, der seinen Hut zieht [...] Der erste Schritt erfasst zum einen Tatsachen, Personen und Gegenstände, zum anderen Ausdruck, Pose oder Geste, d. h. die künstlerischen Motive. Panofsky nannte die Aufnahme der Motive und Formen die „vorikonografische Beschreibung". Voraussetzung hierfür ist die Erfahrung, d. h. die Vertrautheit mit Gegenständen und Ereignissen, die so systematisch wie möglich erfasst werden müssen. Diese „faktische Feststellung" ist aber von unserem kulturellen Hintergrund geprägt. Panofsky war sich bewusst, dass der Betrachter schon für die Beschreibung von [...] Leonardo da Vincis „Abendmahl" (Mailand, S. Maria delle Grazie, 1495–1497) mehr wissen muss, als dass es sich bei dem Dargestellten um [...] eine aufgeregte Tischgesellschaft handelt. [...]

Der zweite Schritt der ikonografischen Analyse besteht im Benennen und Deuten des Themas, er verbindet die Motive und befasst sich mit den Gesamtdarstellungen. Hierfür erforderlich ist die Kenntnis von Texten oder zeitgeschichtlichen Vorstellungen. In Panofskys Beispiel wird mit diesem Schritt der Bedeutungssinn des Hutziehens als Gruß erkannt. In Leonardos aufgeregter Tischgesellschaft erkennt der Betrachter durch die Vertrautheit mit der Bildtradition auf Anhieb das letzte Abendmahl. Die literarische Quelle dieses Bildthemas ist das Neue Testament. Die Künstler berücksichtigen meist die Quelle und die Tradition. Die verschiedenen Bildtypen verdeutlichen, unter welchen historischen Bedingungen ein Bildthema ausgedrückt wurde. Die Typengeschichte ist nach Panofsky auch das Korrektiv, das zum Vergleich herangezogen werden kann und Abweichungen von der literarischen Vorlage erklärt. [...] Der ikonografischen Analyse zufolge sollen die Figuren durch die Physiognomie identifiziert werden, so Petrus durch seinen charakteristischen, kantigen Kopf, bzw. durch die Attribute, so Judas durch den Geldbeutel (Leonardo da Vinci), den Brotbissen, den er von Jesus genommen hat, oder eine Katze als Symbol der Falschheit. [...]

In einem dritten Schritt erfolgt die ikonologische Interpretation, die den Dokumentsinn eines Kunstwerkes erfasst. Panofsky unterscheidet die Ikonologie als synthetisches Verfahren von der Ikonografie als analytischen Vorgang. In dieser Synthese wird das Kunstwerk in einen historischen Zusammenhang gestellt, d. h. historische, politische, religiöse und gesellschaftliche Aspekte, also die allgemeine Geistesgeschichte, aber auch die Persönlichkeit des Künstlers und das Schicksal des Auftraggebers werden in Bezug zum dargestellten Thema gesehen. Panofskys Beobachtung des Hutziehens lässt die Interpretation zu, dass es sich bei dem Grüßenden um einen Mann des 20. Jahrhunderts aus Europa bzw. aus dem europäisch geprägten Nordamerika handelt, der durch diese höfliche Geste seinen gesellschaftlichen Stand ausdrückt und der zudem mit Panofsky bekannt ist. [...] In jedem Fall aber sind zeitgeschichtliche Bezüge dem Einzelwerk übergeordnet und können daher auch in ihrer direkten oder indirekten Beziehung zum Kunstwerk analysiert werden. Leonardos Abendmahl erscheint somit als Dokument einer innovativen Künstlerpersönlichkeit der Hochrenaissance und der italienischen Klosterkultur. Das Thema des Abendmahls gehört in das Refektorium eines Klosters, wo die Klostergemeinschaft sich in der Nachfolge der Jünger empfand und an den Verrat an Christus gemahnt wurde. Leonardos Darstellung entspricht in seiner Lebendigkeit und dem psychischen Drama der Florentiner Hochrenaissance. [...]

Die Ikonologie erfordert die Vertrautheit mit der jeweiligen Zeit, damit die unterschiedlichen historischen Bedingungen der Kunstwerke über die literarischen Quellen hinaus erfasst werden können. Sie birgt viele Fehlerquellen, darunter die der Überinterpretation, je nach philosophischer, kunsttheoretischer oder (gesellschafts-)politischer Fixierung des Interpreten, und die der Einseitigkeit, die nur die der Argumentation dienlichen Motive anführt, andere aber übergeht. [...] Die kritische Ikonologie darf einer präzisen Formanalyse nicht zuwiderlaufen, sondern muss sich auf diese stützen können, sie darf auch die widersprüchlichen Züge und Denkweisen einer Epoche nicht unterschlagen und sie hat schließlich historische Quellen kritisch zu verwenden.

(Sabine Poeschel: Handbuch der Ikonographie. Darmstadt: WBG 2005. S. 14 ff.)

Das Kunstwerk als Zeichensystem: Die Semiotik

Gegenstände der Semiotik

Die Semiotik, die allgemeine Zeichenlehre [griechisch semeion: Zeichen], untersucht die Funktionsweise von Zeichen und ihre Verwendung. Sie entstand im sprachlichen Bereich, versteht aber heute auch Elemente, aus denen Bilder aufgebaut sind, als Zeichen: Farben, Formen, Linien etc. Bei ihrer Analyse verzichtet die Semiotik auf die nähere Beleuchtung gesellschaftlicher oder historischer Umstände, in denen das Werk entstanden ist. Stattdessen untersucht sie die Beziehungen der Zeichen zur beabsichtigten Botschaft sowie das Verhältnis zwischen Zeichen und Interpret. Dabei unterscheidet sie drei Aspekte des Zeichens: das Zeichen selbst, das, worauf es verweist, und schließlich die Dekodierung [Entschlüsselung] durch den Empfänger.

In der Sigmatik, einem Teilbereich der Semiotik, wird das Verhältnis von Zeichen und Bezeichnetem untersucht. Dabei unterscheidet man in der bildenden Kunst zwischen drei Arten von Zeichen:

- Das ikonische Zeichen [griechisch eikon: Abbild] ähnelt dem Objekt, z. B. durch bestimmte Merkmale im Porträt.
- Das indexalische Zeichen [Index, Plural: Indices; lateinisch: Zeiger] zeigt etwas an; es verweist auf einen Sachverhalt, zu dem es in kausaler Beziehung steht (z. B. Wegweiser oder Fußabdruck).
- Das symbolische Zeichen beschreibt als repräsentativer Bedeutungsträger einen Sachverhalt durch gedankliche Beziehung zwischen Zeichen und Objekt; die Verknüpfungen – z. B. zwischen Kreuz und Tod/Auferstehung/... – beruhen auf gesellschaftlichen Konventionen.

Bilder als Zeichen, Zeichen im Bild

Das Fühlen, Denken und Handeln des modernen Menschen orientiert sich weniger an der Wirklichkeit selbst als vielmehr an Abbildungen der Wirklichkeit, die ihrerseits bereits Interpretationen der Wirklichkeit sind: Jeder Transport von Information, jede Kommunikation beruht auf Zeichen, die es zu erkennen gilt. Sogar auf den Prozess der Wahrnehmung trifft dies zu – da wir das Wahrgenommene als etwas erkennen müssen, um es bezeichnen zu können: „Wir sehen nämlich schon immer etwas als etwas", so der Medienwissenschaftler Jochen Hörisch 2004. Vor diesem Hintergrund stellen sich grundsätzliche Fragen wie die, ob wir ohne Zeichen überhaupt denken könnten.

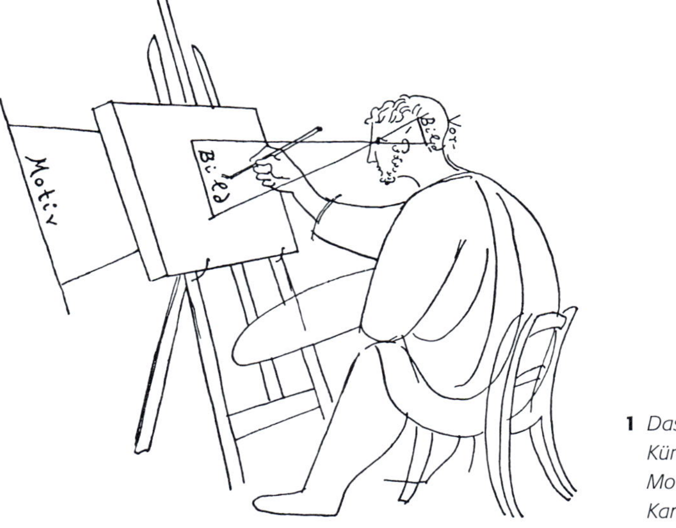

1 *Das Verhältnis von Künstler, Bild und Motiv in einer Karikatur, um 1960*

Untersuchungsaspekte der Semiotik

Die Syntaktik [griechisch syntax: Gefüge] untersucht die Anordnung der Zeichen und ihre Beziehungen untereinander, insgesamt also die Organisation der Bildzeichen auf der Bildfläche.

Unter dem Aspekt Semantik [griechisch „sem": kleinster Bedeutungsträger] analysiert die Zeichenlehre den Informationsgehalt von Zeichen. Sie unterscheidet zwischen dem Bedeutungsträger, dem Signifikant, und der Bedeutung, dem Signifikat.

In der weiteren Differenzierung erschließt die Semiotik die so genannte Denotation. Gemeint ist die „buchstäbliche", „reine" Bedeutung des Zeichens ohne Berücksichtigung möglicher Nebenbedeutungen [Konnotationen], die das Zeichen sonst in uns wachruft. Zu diesen (teils subjektiven) Begleiterscheinungen zählen emotionale, assoziative oder wertende Vorstellungen, die die Vielschichtigkeit von Zeichen ausmachen: „Diese Vieldeutigkeit selbst ist bereits eine Nachricht; die von der Mehrdeutigkeit der Welt, in der wir leben", schrieb der Philosoph Günther Schiwy 1973.

Die Pragmatik [griechisch pragma: Tatsache] beschäftigt sich mit dem Ziel der Zeichen, ihrem Zweck.

Die Dinge, die Wörter und das Kunstwerk bei Magritte

Der Künstler René Magritte veröffentlichte 1929 einen Aufsatz in einer surrealistischen Zeitschrift und umriss dort seine Überlegungen zum Verhältnis zwischen Objekt, Begriff und Bild. Dabei bezog er sich auf eigene Werke, die den Zusammenhang zwischen Realität, Vorstellung und Malerei immer wieder neu infrage stellten. Magritte verstand seine künstlerische Arbeit als der eines Philosophen verwandt. Er suchte nach einer theoretischen Fundierung seiner Vorstellungsbilder, um – wie er erläuterte – „den Dingen auf den Grund zu gehen", und „aus der Malerei ein Instrument zur Vertiefung der Kenntnis von der Welt machen".

„Wenn wir diese Unterschiede zwischen den Wörtern und den Dingen berühren, zwischen dem Geist und unserem Körper und unseren Ideen, dann werden sie stets größer. ABER UM SIE ZU SEHEN, MÜSSEN WIR DORT SEIN. Sie zu leugnen heißt, den Geist zu leugnen."
René Magritte (1929)

Die Wörter und die Bilder

1 Ein Gegenstand hängt nicht so sehr an seinem Namen, daß man für ihn nicht einen anderen finden könnte, der besser zu ihm paßte:

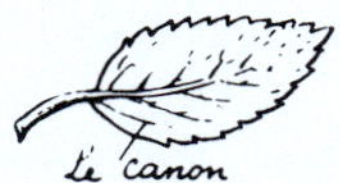

2 Es gibt Gegenstände, die ohne Namen auskommen:

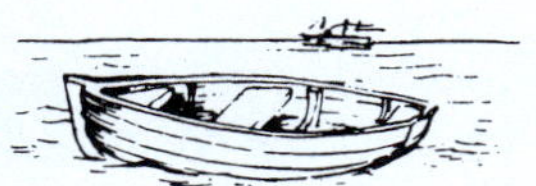

3 Ein Wort dient manchmal nur dazu, sich selbst zu bezeichnen:

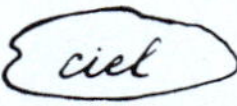

4 Ein Gegenstand begegnet seinem Bild, ein Gegenstand begegnet seinem Namen. Es kommt vor, daß das Bild und der Name dieses Gegenstands sich begegnen:

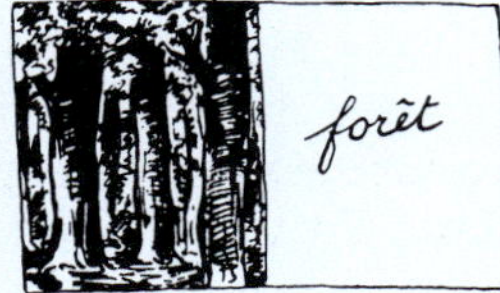

5 Manchmal vertritt der Name eines Gegenstands ein Bild:

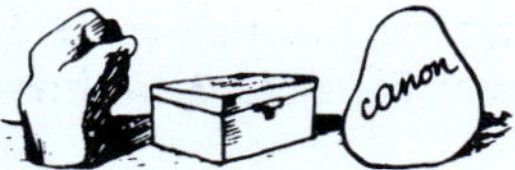

6 Ein Wort kann in der Realität den Platz eines Gegenstands einnehmen:

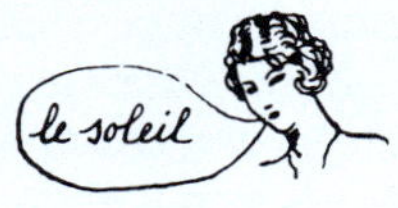

7 Ein Bild kann in einem Satz den Platz eines Wortes einnehmen:

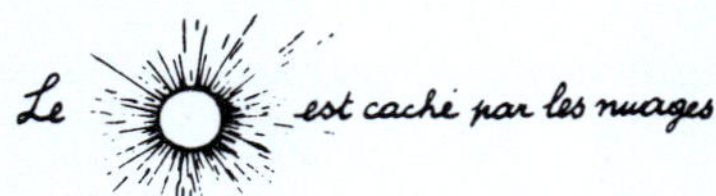

8 Ein Gegenstand läßt vermuten, daß es noch andere hinter ihm gibt:

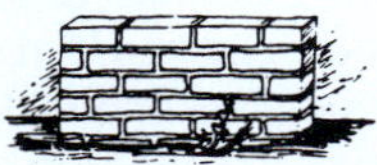

9 Alles deutet darauf hin, daß es wenig Beziehung gibt zwischen einem Gegenstand und dem, was ihn darstellt:

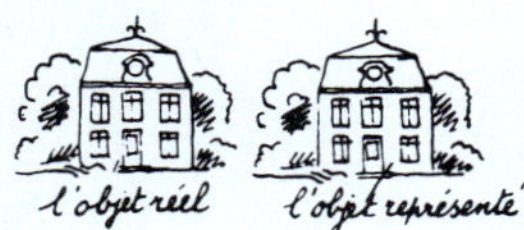

10 Die Wörter, die dazu dienen, zwei unterschiedliche Gegenstände zu bezeichnen, zeigen nicht, was diese Gegenstände voneinander trennen mag:

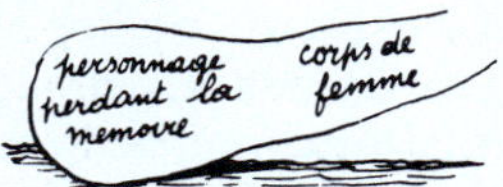

11 In einem Gemälde sind Wörter von derselben Substanz wie Bilder:

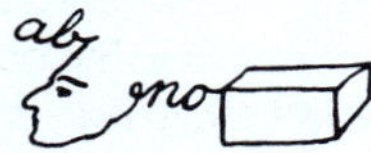

12 Man sieht in einem Gemälde Bilder und Wörter anders:

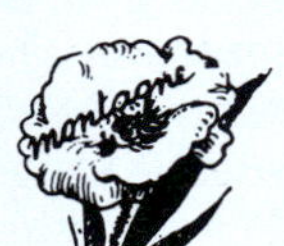

13 Eine beliebige Form kann das Bild eines Gegenstands ersetzen:

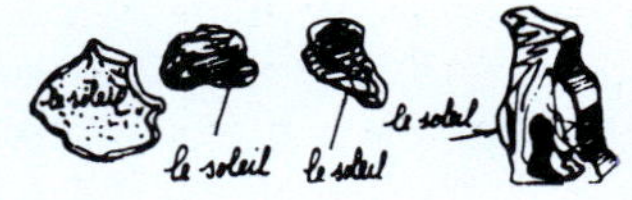

14 Ein Gegenstand leistet nie das gleiche wie sein Name oder sein Bild:

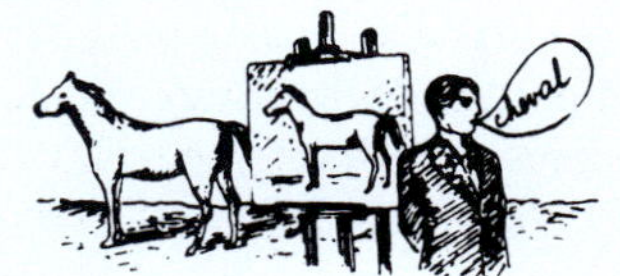

15 Die vagen Figuren haben eine ebenso notwendige und vollkommene Bedeutung wie die präzisen:

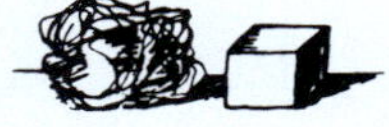

16 Manchmal bezeichnen die in ein Gemälde geschriebenen Namen Präzises und die Bilder Vages:

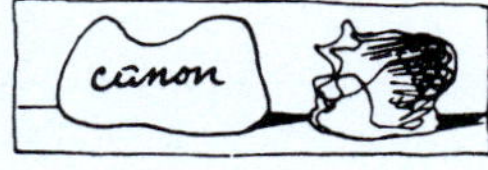

17 Oder auch andersherum:

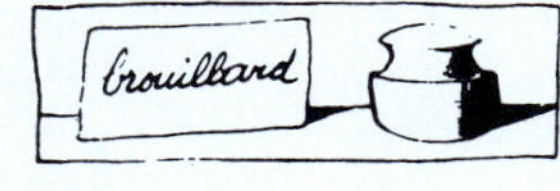

2 *René Magritte: Die Wörter und die Bilder, 1929, zitiert nach: Wieland Schmied (Hrsg.): René Magritte 1898–1967, München 1987*

Arbeitsaufträge

1 Suchen Sie nach Beispielen für ein Ikon, einen Index und ein Symbol. Erläutern Sie diese.

2 Erklären Sie die Karikatur (1) bezogen auf die nebenstehenden Ausführungen; verwenden Sie dabei geeignete Fachbegriffe.

3 Erläutern Sie einzelne Passagen aus Magrittes Darstellung (2) mit eigenen Worten und an selbst gewählten Beispielen.

Die Kunstsoziologie

Kunstsoziologische Untersuchungsaspekte

Kunst kommt nicht im „luftleeren Raum“ zustande, sondern im Rahmen einer sozialen Wirklichkeit, sie trägt deren Spuren und beeinflusst wiederum diese. Das Verhältnis der Kunst zu ihrem gesellschaftlichen Hintergrund beschäftigt die ▸ Kunstsoziologie. Sie fragt nach den sozialen, ökonomischen und politischen Bedingungen der Kunstproduktion. Insbesondere untersucht sie, wie die Gesellschaft auf das Beziehungsgefüge ▸ Produzent (= Künstler) – ▸ Produkt (= Kunstwerk) – ▸ Adressat (= Betrachter/Käufer) einwirkt. Unterschiede in verschiedenen Epochen erklärt sie durch die Untersuchung einzelner Aspekte wie

- die Art der Künstlerausbildung (Klosterbetrieb, Werkstatt, Akademie, ...),
- die Organisations- und Produktionsformen bei der Arbeit des Künstlers (Bauhütte, Gilde, Atelier, ...),
- die Beziehungen zwischen Auftraggeber und Künstler (Aufträge, Verträge, Warencharakter, ...),
- die Kunstförderung oder Konkurrenz auf einen „freien“ Kunstmarkt (Hofkünstler, freier Künstler, ...),
- die besonderen Formen des Ausstellungswesens (Museum, Galerie, Messe, Publikum, Kunstkritik, ...),
- die Auswirkung technischer Innovationen in der Gesellschaft (neue bildnerische Techniken, Kunstformen, ...).

Kunstsoziologie als Gesellschaftskritik

Neben empirischen, d. h. auf exakte Beobachtung gründenden Untersuchungen zu Einzelfragen hat die Kunstsoziologie immer wieder die Rolle der Kunst in der Gesellschaft allgemein kritisch beleuchtet. Viele Vertreter der Kunstsoziologie – vor allem der 1970er-Jahre – zählten sich zum politisch linken Spektrum als Kritiker des politischen „Systems“. Manche von ihnen orientierten sich am Marxismus und damit an einem linearen Modell, das kämpferisch auf die Verwirklichung einer gesellschaftlichen Utopie in der Zukunft zielte. Sie fragten nach der Rolle der Kunst in dieser Entwicklung. Der Philosoph Theodor W. Adorno (1903–1969) hatte vor diesem Hintergrund bereits früh mögliche gesellschaftliche Funktionen von Kunst konkretisiert. Diese könne darin bestehen, dass Kunst ein letzter autonomer und unverdinglichter Bereich der Gesellschaft sei, der sich nicht vereinnahmen lasse. Kunst könne sogar zur Destabilisierung der herrschenden Kultur beitragen, durch Aushöhlung der von den Machtsystemen aufrechterhaltenen, herrschenden Ideologie, durch Opposition zur vorherrschenden Weltanschauung.

Zu Beginn der 1970er-Jahre dominierte die sogenannte „Visuelle Kommunikation“, vertreten durch eine Gruppe von Kunsthistorikern und -pädagogen, die nicht im individuell schöpfenden Künstlertum, sondern in der „Kulturindustrie“ (Adorno) den prägenden Faktor der Kunst sahen. Sie betonten die neu entstandene und beherrschende Rolle der Massenmedien als Teil der „Bewusstseinsindustrie“ – so der Schriftsteller Hans Magnus Enzensberger – und forderten eine kritische Medienerziehung, auch für die Schule. Wissenschaftler wie Martin Warnke sahen in der rein formalen Analyse eines Kunstwerkes eine Leugnung von dessen Geschichte – Kunstwissenschaft sei eben keine ideologiefreie, rein objektive Wissenschaft. So verwies er auf das Problem der nationalsozialistischen Kunst. Diese sei als eine von der damaligen politischen Führung diktierte Strömung nicht mehr mit herkömmlichen Methoden, wie etwa einer Stilanalyse der künstlerischen Formen, zu erfassen. Ohne die Hinterfragung der Kulturpolitik und der Funktion von Kunst für diesen Staat seien die bildnerischen Produktionen des Dritten Reiches grundsätzlich nicht zu verstehen.

Arbeitsaufträge

1. Überlegen Sie: Wann überwiegt bei Kunst der Charakter einer Ware? Wann erfüllt sie eine gesellschaftliche Funktion? Wann ist Kunst „frei“? Wann wird Kunst zur „Gegenkultur“ einer Gesellschaft?
2. Erläutern Sie, welche Zusammenhänge zwischen Kinoindustrie, Filmästhetik und Publikum, zwischen Bildung, Geschmack und Kunst Hauser sieht. Inwieweit können Sie zustimmen; wo sehen Sie sich selbst in diesem Zusammenhang?
3. Nehmen Sie Stellung: Ist Filmesehen Kunsterleben?

Kunstsoziologie als grundsätzliche Hinterfragung der Funktion von Kunst in der Gesellschaft, wie sie durch die „Kritische Theorie" geprägt war, hat sich in den letzten Jahrzehnten gewandelt. Der Kunsthistoriker Michael Baxandall etwa bemerkte 1990 in seinem Buch „Ursachen der Bilder": „Ich versuche, das gesellschaftliche Umfeld von Bildern nur in dem Maße zu umreißen, wie es der Anspruch der kritischen Betrachtung unmittelbar erfordert."

Das Kino und sein Publikum

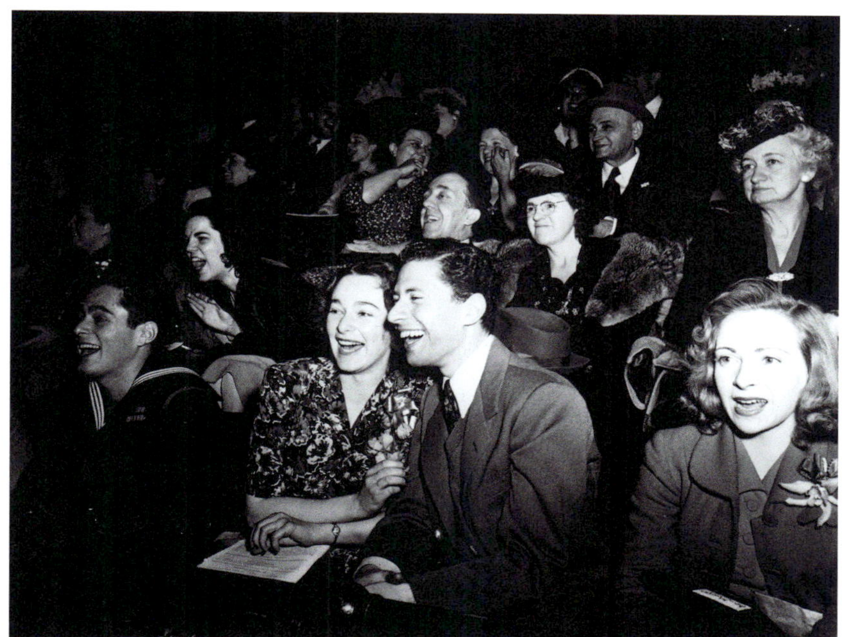

1 *Weegee (Arthur Fellig): Blick in den Zuschauerraum eines Kinos in New York. Infrarotaufnahme, um 1940*

Der Kunstsoziologe Arnold Hauser schrieb 1953 über das Kinopublikum:

Nichts, als dass sie in die Kinos strömen, verbindet diese Menschen miteinander, und gestaltlos, wie sie in die Kinos hineingepumpt werden, quellen sie aus diesen wieder heraus; sie bleiben eine uneinheitliche, ungegliederte, amorphe Masse mit fließenden Konturen und dem einzigen, aber eben nur negativen allgemeinen Charakterzug, dass sie alle sozialen Kategorien durchkreuzen und weder klassen- noch bildungsmäßig einer organisch gewachsenen und klar definierbaren Schicht zuzurechnen sind. Diese Masse ist gar kein „Publikum" im eigentlichen Sinne, denn als solches kann nur eine mehr oder weniger beständige Anhängerschaft bezeichnet werden, eine, die die Kontinuität einer Kunstproduktion gewissermaßen zu garantieren vermag. Publikumsartige Gebilde beruhen auf einer Plattform der jederzeitigen Verständigungsmöglichkeit; wenn aber die Meinungen in ihrer Mitte auch nicht immer übereinstimmen, so divergieren sie doch auf der gleichen Ebene. Bei den Massen aber, die in den Kinos beisammensitzen und die keine wie immer geartete gemeinsame geistige Vorformung durchgemacht haben, wäre es vergeblich, nach einer solchen Plattform zu suchen. Wenn ihnen ein Film missfällt, gibt es unter ihnen über die Motive der Ablehnung eine so geringe Chance der Verständigung, dass man annehmen muss, dass auch die allgemeine Zustimmung jeweils auf einem Missverständnis beruht. […]

Seit dem Anfang unserer individualistisch orientierten Kultur bedeutet der Film den ersten Versuch, Kunst für ein Massenpublikum herzustellen. […] Der Erfolg richtet sich bei ihnen nach qualitätsjenseitigen Kriterien. Sie reagieren nicht auf künstlerisches Gut und Schlecht, sondern auf Eindrücke, durch die sie sich in ihrer Lebenswirklichkeit beruhigt oder beunruhigt fühlen. […]

Die Aufgabe ist nicht die Verengung der Kunst dem heutigen Gesichtskreis der breiten Massen entsprechend, sondern die mögliche Erweiterung des Gesichtskreises dieser Massen. Der Weg zum echten Kunstverständnis führt über die Bildung.

Arnold Hauser: Sozialgeschichte der Kunst und Literatur. München: Beck 1982. S. 1018ff.

Die Rezeptionsästhetik

„Der Betrachter ist im Bild"

So umriss der Kunstwissenschaftler Wolfgang Kemp den Ansatz der in den 1980er Jahren entwickelten Rezeptionsästhetik [lateinisch recipere: bei sich aufnehmen]: Sobald ein Kunstwerk das Atelier des Künstlers verlässt und (öffentlich) präsentiert wird, steht es erstmals sichtbar in Kontakt zu seinem Umfeld. Es wird von seinen Adressaten betrachtet und ruft bei diesen Reaktionen hervor. Die Rezeptionsästhetik sieht das Kunstwerk nicht als autonomes, allein in sich ruhendes und aus sich selbst heraus zu verstehendes Gebilde, sondern bezogen auf einen Wirkungszusammenhang, etwa in Hinblick auf seine Rezeption beim zeitgenössischen Publikum. Kunst wird als Medium visueller Kommunikation betrachtet, als Antwort auf einen möglichen Betrachter und einen Kontext: „Indem es mit uns kommuniziert, spricht es über seinen Platz und seine Wirkungsmöglichkeiten in der Gesellschaft und es spricht über sich selbst", formulierte Kemp. Seinen Ansatz, unter dem er 1986 etwa den bekanntesten künstlerischen Entwurf der Französischen Revolution, den „Ballhausschwur" (1791) von Jacques-Louis David, idealtypisch untersuchte, beschrieb er folgendermaßen: „Ich frage, für welchen Raum, für welche Adressaten war das Werk bestimmt, wie reagierte seine Komposition auf die Anforderungen von außen?"

Untersuchungsaspekte der Rezeptionsästhetik

Die Rezeptionsästhetik untersucht unter anderem:

- den vom Künstler im Bild verwendeten Code, das Zeichensystem als Grundlage für Kommunikation (z. B. die Wahl von Farben oder Motiven),
- mit welchen Mitteln der Künstler in seinem Werk den Betrachter anspricht (z. B. durch sogenannte Unbestimmtheitsstellen, die die Interpretation des Betrachters aktivieren),
- die besonderen Bedingungen der Rezeption und wie sie sich auswirken auf die Bildgestaltung (z. B. in der Wahl des Bildausschnitts oder der Perspektive),
- den Kontext des Werks in seiner Zeit (z. B. seine vorgesehene Situierung in einem bestimmten architektonischen Zusammenhang),
- den anvisierten Rezipienten (z. B. dessen Erwartungshorizont, die Wirkung der Botschaft auf ihn und seine Reaktionen auf das Werk).

Systemtheorie

Der Systemforscher Niklas Luhmann sieht unsere jetzige Gesellschaft als so komplex, dass sie nicht mehr als ganze erlebbar ist: Sie bestehe aus verschiedenen, sich teilweise überlagernden Systemen wie Recht, Wirtschaft, Wissenschaft oder auch Kunst. Vor allem die sozialen Systeme seien dabei nicht als feste Strukturen zu verstehen, sondern als durch Kommunikation erzeugte. Als Inhalt der Kommunikation sieht Luhmann kein Bündel feststehender Informationen. Die Bedeutung der Kommunikation – und damit ihre Botschaft – entstehe zudem erst in der Kommunikation selbst, in der Situation, in der etwas Bestimmtes gesagt werde, etwas Anderes hingegen ausgeschlossen bliebe. Luhmann sieht demzufolge auch im Kunstwerk eine einmalige kommunikative Äußerung, gebunden an einen bestimmten Ort, an einen bestimmten Zeitpunkt, an eine bestimmte Kommunikationssituation. Das Kunstwerk „enthält" daher nicht den gesamten kulturellen Kontext, sondern es sagt etwas über seine spezielle Situation aus; es nimmt einen spezifischen aller möglichen Standpunkte ein. Die Bedeutung ruht also nicht „versteckt" im Kunstwerk an sich, sondern wird durch die Kommunikation selbst erzeugt.

„Wer die Macht über die Bilder hat, bestimmt wesentlich mit, was anderen als die Wirklichkeit erscheint."

Wolfgang Bickel, Historiker (1989)

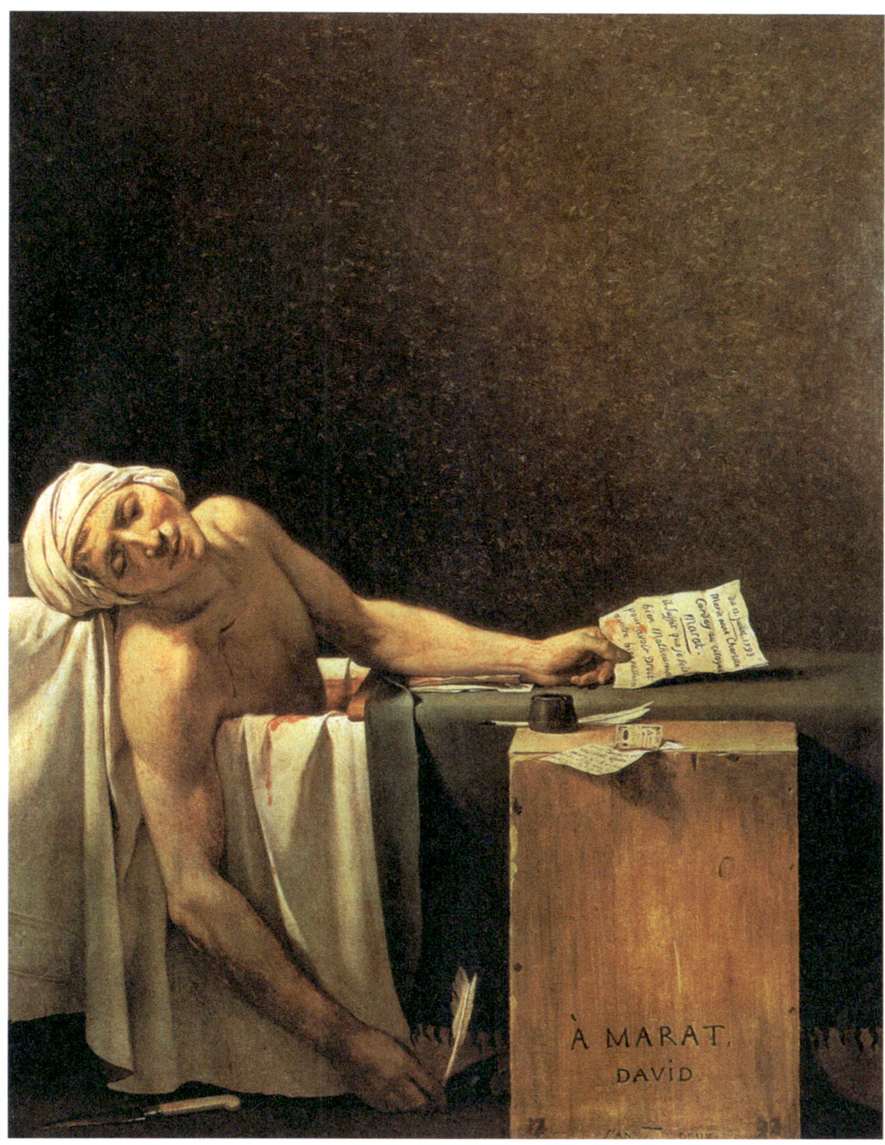

1 *Jacques-Louis David: Der Tod des Marat, 1793, Öl auf Leinwand, 165 x 128 cm. Brüssel, Musées Royaux des Beaux-Arts*

Arbeitsaufträge

1 Erläutern Sie die Bedeutung des Schlagwortes „Der Betrachter ist im Bild".

2 Versuchen Sie grafisch darzustellen, wie sich die Aspekte der Rezeptionsästhetik – wie Betrachter, Botschaft, Bild, … – zueinander verhalten.

3 a) Informieren Sie sich über die Person und das Schicksal des Jean-Paul Marat und die Rolle von Jacques-Louis David in der Französischen Revolution.
b) Untersuchen Sie unter den Gesichtspunkten der Rezeptionsästhetik das Werk „Der Tod des Marat".

4 Nehmen Sie unter rezeptionsästhetischen Gesichtspunkten Stellung zu dem Zitat in der Randspalte auf Seite 56.

Biografische Ansätze

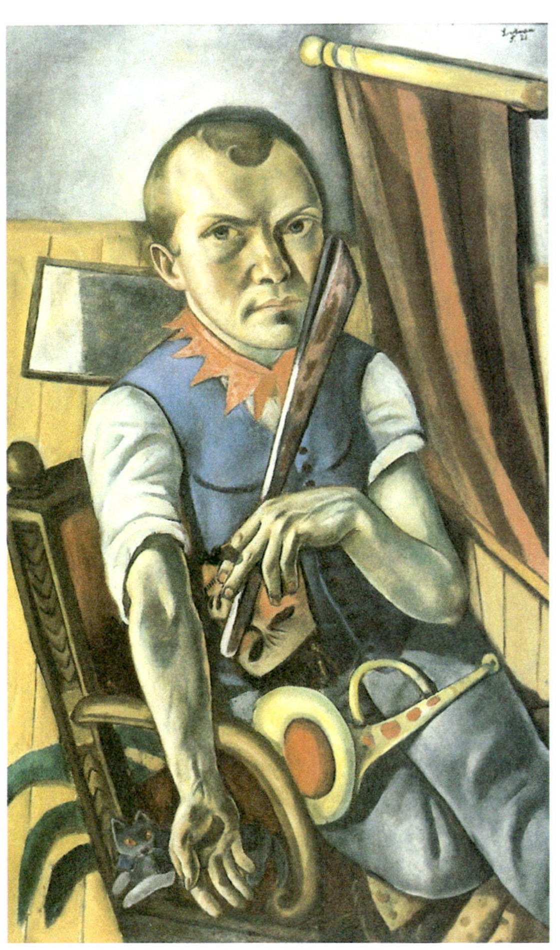

1 *Max Beckmann: Selbstbildnis als Clown, 1921, Öl auf Leinwand, 100 x 59 cm. Wuppertal, Von der Heydt-Museum*

„Im Wechsel der Rollen suchte Max Beckmann sein Selbstverständnis als Künstler dingfest zu machen, als Künstler im Strudel der Ereignisse.“
Uwe M. Schneede, Kunstwissenschaftler (1993)

Kunstgeschichte als eigene Disziplin setzte historisch in dem Moment ein, als sich das Selbstverständnis der Kunstschaffenden wandelte und diese sich nicht mehr als Handwerker, sondern – selbstbewusst – als schöpferisch tätige Individuen sahen. Diese Entwicklung vollzog sich in der Zeit der italienischen Renaissance im 15. und 16. Jahrhundert. Die Künstler begründeten den neuen Anspruch und etablierten schließlich ihr gestiegenes Ansehen auch damit, dass sie über Kunst reflektierten. Nicht in den prinzipiellen Vorgaben durch Auftraggeber, nicht in den Umständen der Zeit sahen sie die entscheidenden Bedingungen, sondern in der Persönlichkeit des Künstlers selbst, in seinem Schöpfertum und Genie. Daher ist es kein Zufall, dass gerade in dieser Zeit – um 1550 – auch die „Lebensbeschreibungen der ausgezeichneten Maler, Bildhauer und Architekten nach Dokumenten und mündlichen Berichten“ entstanden, aufgezeichnet von dem italienischen Künstler und Schriftsteller Giorgio Vasari, der sich in einzelnen Artikeln italienischen Kunstschaffenden der vorangegangenen 250 Jahre widmete. Leonardo da Vinci etwa beschrieb er als „erhabenen Geist“ und erklärte die Qualität dessen Werkes mit „Begabung“ oder „gewaltiger Ausdruckskraft“.

Selbstbildnisse, Porträts des Künstlers durch den Künstler selbst, sind Ausdruck dieses gestiegenen Selbstbewusstseins. Die Person des Malers tritt in die eigene Bildwelt ein und wird zu einem eigenständigen Thema ihrer Kunst – in naturalistischen Selbstporträts oder im Rollenspiel, in welchem sie ihre Selbstreflexion veranschaulicht. Zu den Künstlern, die sich immer wieder selbst zum Thema ihrer Bilder machten, gehörte auch der Maler Max Beckmann (1884–1950), dessen „Selbstbildnis als Clown“ hier abgebildet ist. Am Ende seines Lebens äußerte er: „ Wichtig und immer wieder am wichtigsten: rücksichtslose Erkenntnis und Kritik des eigenen Ichs.“

Leben und Werk

Bis in unsere Zeit gibt es immer wieder Ansätze, das Werk einzelner Künstler – zumindest teilweise – mit deren Biografie zu erklären. Sowohl Höhepunkte als auch tragische Schicksalsschläge im Leben eines Künstlers, aber auch seine besondere soziale Stellung bieten Anlässe, um nach Bezügen zu Bildern zu suchen. Tagebücher, Briefe oder andere Zeugnisse helfen als Indizien bei der Suche und der kritischen Hinterfragung möglicher Zusammenhänge. Insbesondere Selbstbildnisse bieten immer wieder Anlass, der Beziehung zwischen Kunstwerk und Erlebtem nachzuspüren.

Arbeitsaufträge

1. Betrachten Sie das „Selbstbildnis als Clown“ von Max Beckmann und überlegen Sie, worauf die Versatzstücke der Darstellung symbolisch verweisen könnten.
2. Informieren Sie sich über die Biografie von Max Beckmann und versuchen Sie, einen Bezug zwischen seinen Lebensumständen und dem abgebildeten Gemälde herzustellen.
3. Überlegen Sie, wo mögliche Fehlerquellen von Deutungen liegen könnten, die sich stark an einer Künstlerbiografie orientieren.

Die Kunstpsychologie

Untersuchungsfelder der Kunstpsychologie

Die Kunstpsychologie beschäftigt sich zum einen mit der Beziehung zwischen Künstler und Kunstwerk. Sie fragt danach, wie kreative Prozesse entstehen, was sich – im Einzelfall – im Künstler während der Tätigkeit am Werk abgespielt haben mag und was er – auch unbewusst – durch sein Werk über sich verrät. Zum anderen untersucht die Kunstpsychologie die Beziehung zwischen Betrachter und Kunstwerk. Als entscheidenden Faktor der Kunstrezeption sieht die moderne psychoanalytische Methodik die Voraussetzungen, unter denen wir – als Betrachter – einem Kunstwerk begegnen: Unsere Erwartungen, Konflikte, Bestrebungen sind Bedingungen der Rezeption, sie beeinflussen die „Antworten", die uns das Kunstwerk auf die von uns gestellten Fragen liefert.

„Vielleicht sollte man sich besser damit zufrieden geben, nicht die Kunst zugänglich zu machen, sondern uns der Kunst zugänglich zu machen."
Werner Hofmann, Kunsthistoriker (1978)

Der folgende Abschnitt gibt wieder, wie der Kunstpsychologe Hartmut Kraft den Prozess der Kunstbetrachtung beschreibt:

Wir können nie das Werk an sich analysieren, sondern wir beschreiben in Wirklichkeit immer eine Beziehung zwischen uns selbst und dem Bild/Objekt. [...] In einer Ergänzungsreihe zur kunsthistorischen, sozialgeschichtlichen, rezeptionsästhetischen Datenerhebung etc. wird der Zugangsweg der Psychoanalyse zur Kunst durch die Einfühlung in das Kunstwerk, das Registrieren der dabei auftretenden eigenen Reaktionen sowie die nachfolgende Reflexion und Strukturierung der Daten bestimmt. Die so gewonnenen Zusatzinformationen führen zu einer Differenzierung unserer ersten, empfindungsmäßigen Eindrücke [...]. So entsteht im übertragenen Sinne eine Zwei-Personen-Psychologie sowohl zwischen Künstler und Kunstwerk als auch zwischen Kunstwerk und Betrachter. Die Qualität dieser Beziehung kann dabei sehr verschieden sein; am ehesten kann ein Kontinuum angenommen werden, das von einer narzisstischen Beziehung bis hin zu einer reifen Objektbeziehung reicht. Bei einer narzisstischen Beziehung wird das Kunstwerk nicht als eigenständiges Werk erlebt, sondern als „erweitertes Selbst" bzw. als ein die eigenen Vorstellungen lediglich widerspiegelndes Werk. [...] Neue Erfahrungen können jedoch erst gemacht werden, wenn das Werk in seiner Eigenständigkeit – gegebenenfalls vollkommenen Fremdheit und Unverständlichkeit – wahr- und angenommen wird. Das Kunstwerk wird dann zum Partner in einem Dialog.

Zit. nach: Hans Belting u. a. (Hrsg.): Kunstgeschichte. Eine Einführung, 5. Auflage, Berlin: Dietrich Reimer Verlag 1996, S. 283

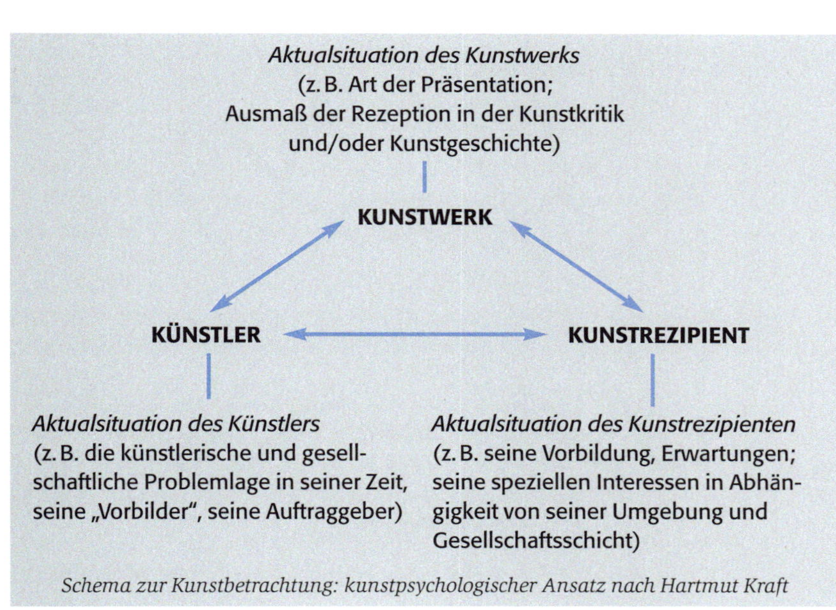

Schema zur Kunstbetrachtung: kunstpsychologischer Ansatz nach Hartmut Kraft

Arbeitsaufträge

1 Erläutern Sie die Äußerung des Kunsthistorikers Werner Hofmann aus kunstpsychologischer Sicht.

2 Informieren Sie sich über Sigmund Freuds Begriffe „Ich", „Über-Ich" und „Es". Welche Rolle könnte ihnen bei einer kunstpsychologischen Analyse zugeschrieben werden?

Interpretationsmodelle

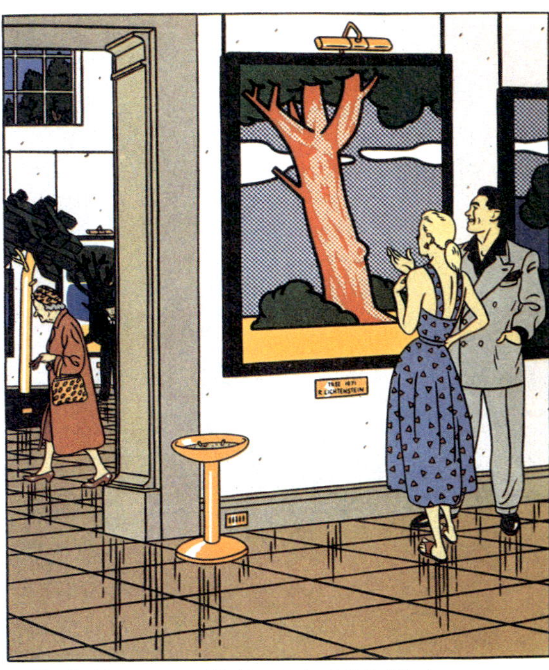

1 *Floc'h: Hommage á Lichtenstein, 1983. (Cartoon aus: Souvenirs du vingtième siècle von Alain Littaye)*

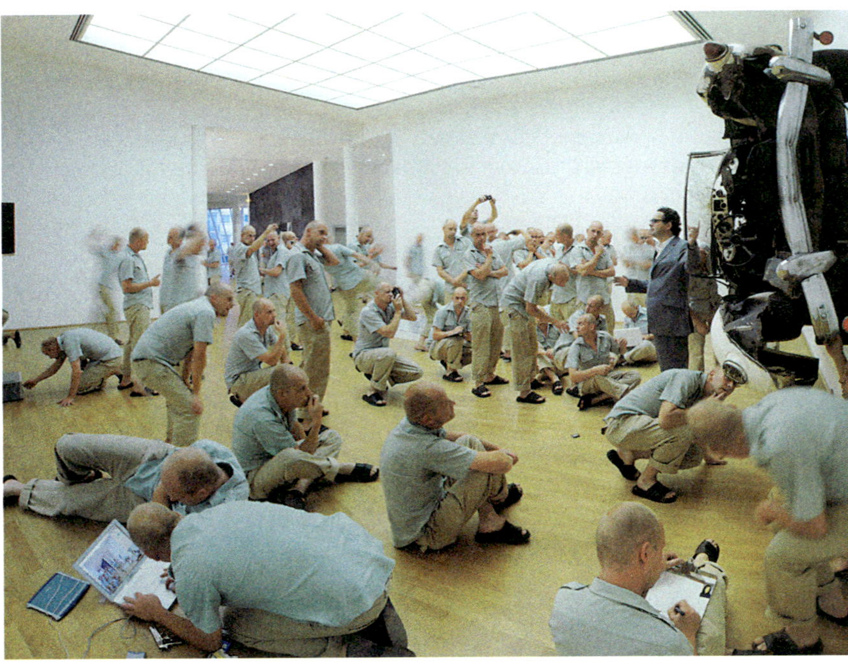

2 *Martin Liebscher: Ohne Titel, 2003. Colour-Print auf Aluminium. Frankfurt/Main, Museum für Moderne Kunst*

Zum nebenstehenden Schema heißt es in einem Kunstlexikon:

Die direkt ablesbaren Qualitätskriterien [eines Kunstwerkes] (neutral als Beschaffenheitsmerkmale verstanden) sind Inhalt (1), Form (2), Farbe (3) und Material (4). In der Komposition [...] zeigt sich der gestalthafte Zusammenhang des Ganzen [...].
Funktionen (F) sind auf den Betrachter bezogene Wirksamkeiten: Einheit und Zusammenhang (syntaktische F.), Ausdruck (emotionale F.), Zweck, sachliche Bestimmung (pragmatische F.), Bedeutung und Sinn (semantische F.). Entstehungsfaktoren sind Künstler (6) und Kultur (7). Individuelle, religiöse, gesellschaftliche und regionale Faktoren sind erschließ- und beschreibbar, aber nicht direkt zeigbar. Mit dem künstlerischen Werkcharakter haben sie unmittelbar nichts zu tun. Die Kreisform soll die gegenseitige Bindung der Faktoren des bildnerischen Kunstwerks veranschaulichen und auf ihre Verknüpfung mit der Form hinweisen. (Das Schema darf nicht mehr als eine Merkstütze sein.)

Johannes Pawlik: Bildende Kunst: Begriffe und Reallexikon. 7. Auflage, Köln: DuMont 1982. S. 85

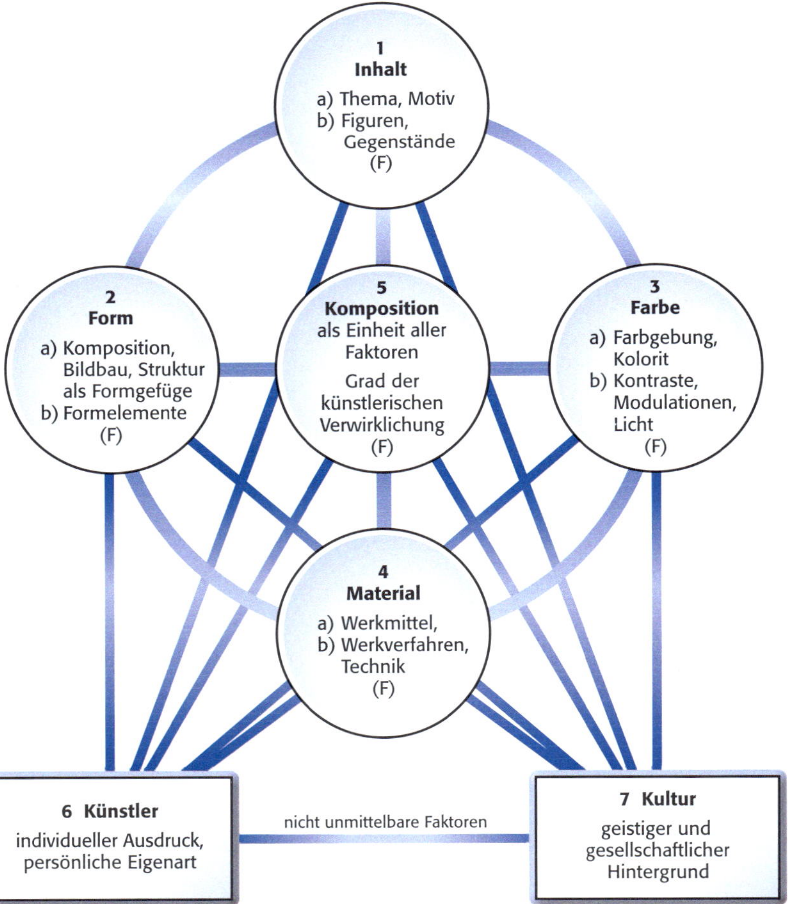

3 *Interpretationsmodell nach Johannes Pawlik*

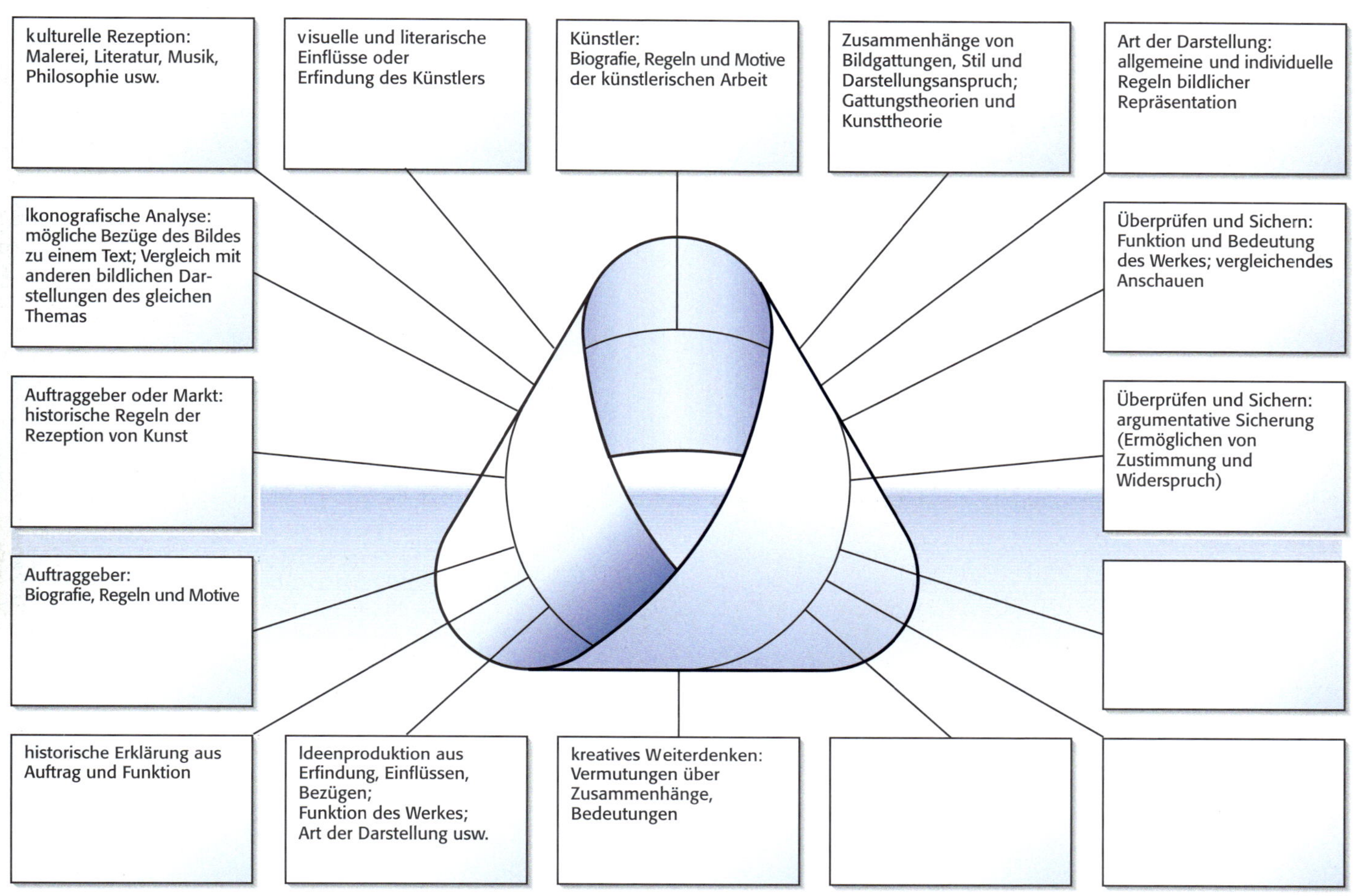

4 *Interpretationsmodell nach Oskar Bätschmann, vereinfacht wiedergegeben*

Der Kunsthistoriker Oskar Bätschmann wählte für seine „Figur der Interpretation mit einzelnen Operationen" das Möbiusband, die unendliche Schleife. Es soll keine Rang- oder Reihenfolge und auch kein begrenztes System darstellen, sondern als erweiterungsfähiges Modell aufgefasst werden. Er rät, während der Interpretation immer wieder auf bereits vollzogene Operationen zurückzukommen. „Die Figur der Interpretation, die unbestimmte Fläche, kann zur Kontrolle dienen, ob nichts vergessen wurde", formulierte er.

Arbeitsaufträge

1. Erklären Sie, welche Vorstellungen von Bildbetrachtung die Abbildungen 1 und 2 in Ihnen auslösen.
2. Erläutern Sie die Auffassungen von Interpretation, wie sie sich in den beiden Modellen zeigen.
3. Versuchen Sie, beiden Bildern eines der Interpretationsmodelle begründet zuzuordnen.
4. Entwerfen Sie auf der Grundlage der vorgestellten Ansätze durch Erweiterung oder Veränderung ein eigenes Interpretationsmodell.

Register

Quellenverzeichnisse

Bildquellen

Umschlag, S. 34 (4), S. 45 (1), S. 49 (1) akg-images, Berlin | S. 3 (o.), S. 6 (1) Bridgeman Images, Berlin | S. 3 (u.), S. 19 (1): Artothek (Hans Hinz) | S. 4, S. 40 (2): alamy images, Abingdon/Oxfordshire (The Picture Art Collection) | S. 7 (3): alamy images, Abingdon/Oxfordshire (Dale O'Dell) | S. 7 (4): © Alexej Shulgin (386dx) | S. 9 (1), S. 14 (1) akg-images, Berlin | S. 11 (1), S. 34 (2) alamy images, Abingdon/Oxfordshire /The Picture Art Collection) | S. 12 (1), S. 14 (2), S. 23 (1): akg-images, Berlin (Rabatti & Domingie) | S. 12 (2),S. 34 (3), S. 35 (7), 57 (1): akg-images, Berlin (André Held) |S. 12 (3), S. 19 (2): Museum für Neue Kunst, Freiburg | S. 15 (3), 34 (1), 35 (6): Artothek (Paolo Tosi) | S. 15 (4), S. 37 (1, 2, 3): Artothek (Blauel/Gnamm) | S. 17 (1): akg-images, Berlin | S. 21 (1): Artothek (Hansmann) | S. 24 (2): shutterstock, New York (marcovarro) | S. 24 (3): Scala, Florenz (Photo Josse) | S. 24 (4): alamy images, Abingdon/Oxfordshire (Peter Barritt) | S. 25 (5), 27: akg-images, Berlin (Album/Oronoz) | S. 29 (1): akg-images, Berlin (Hervé Champollion) | S. 29 (2), S. 47 (1): akg-images, Berlin | S. 30 (1): akg-images, Berlin (Erich Lessing) | S. 31 (2): bpk-Bildagentur , Berlin (Félicien Faillet) | S. 32 (1): Liebieghaus, Frankfurt am Main | S. 33 (2): Museum Franz Gertsch, Burgdorf/CH | S. 39 (1): bpk-Bildgentur, Berlin/Kupferstichkabinett, SMB (Jörg P. Anders) | S. 41 (3) Timm Ulrichs/VG Bild-Kunst, Bonn 2005 | S. 42 (1): Württembergische Landesbibliothek, Stuttgart | S. 43 (2): akg-images, Berlin | S. 53 (1): VG Bild-Kunst, 2005 | S. 55 (1): akg-images, Berlin (Weegee) | S. 58 (1): VG Bild-Kunst, Bonn 2005 | S. 60 (1): VG Bild-Kunst, Bonn 2005 | S. 60 (2): VG Bild-Kunst, Bonn 2005

Textquellen

S. 5: Arnold Hauser: Methoden moderner Kunstbetrachtung. München: Verlag C. H. Beck 1974 – **S. 6**: Johannes Kirschenmann/Frank Schulz, Thema Kunst: Bilder erleben und verstehen, Leipzig/Stuttgart: Ernst Klett Schulbuchverlag 1999, S. 10 – **S. 8**: Zit. nach: Yvonne Schwarzer (Hrsg.), Jedes echte Kunstwerk hat soviel Daseinsberechtigung wie Erde und Sonne, Aphorismen und Zitate aus dem Reich der Kunst. Witten: Westerweide Verlag 2002 – **S. 10/11**: Philostratos, Die Bilder. Nach Vorarbeiten von Ernst Kalinka herausgegeben, übersetzt und erläutert von Otto Schönberger. München: Ernst Heimeran Verlag 1968, S 107-111 – **S. 10** (RS oben): Zit. nach: Udo Kultermann, Die Geschichte der Kunstgeschichte. München: Prestel-Verlag 1990, S. 170 – **S. 10** (RS unten): Ernst Rebel (Hrsg.), Sehen und Sagen – das Öffnen der Augen beim Beschreiben der Kunst. Ostfildern: Ed. Tertium 1996 – **S. 16** (links): Max J. Kobbert: Kunstpsychologie: Kunstwerk, Künstler und Betrachter. Darmstadt: Wissenschaftliche Buchgesellschaft 1986, S. 109 ff. – **S. 16** (rechts u. RS): Zit. nach: Michel Seuphor: Piet Mondrian. Leben und Werk. Köln: DuMont Schauberg 1957. S. 305 – **S. 20**: Gottfried Fliedl: Gustav Klimt 1862-1918. Die Welt in weiblicher Gestalt. Köln: Benedikt Taschen Verlag 1989. S. 145 ff. – **S. 26**: Erwin Panofsky: Die Perspektive als „symbolische Form" (1927). In: Ders.: Aufsätze zu Grundfragen der Kunstwissenschaft. Hrsg. von Hariolf Oberer und Eugen Verheyen. Berlin: Verlag Volker Spiess 1980. S. 123 f. – **S. 27** (links): Irina Danilova, Wandmalerei der Frührenaissance in Italien, übers. v. Ernst Fromhold-Treu. Dresden: Verlag der Kunst 1983, S. 225 – **S. 27** (rechts): Boris von Brauchitsch: Renaissance. Köln: DuMont 1999. S. 51 – **S. 31**: Louis Gillet: Die Nymphen von M. Claude Monet. Übers. v. Judith Landry. In: Impressionismus. Hrsg. v. Martha Kapos. Köln: Könemann 1994. S. 294 – **S. 33**: Hans Jantzen: Über die Prinzipien der Farbgebung in der Malerei (1913). In: Ders.: Aufsätze. Berlin 1951. S. 61 f. – **S. 37**: Lorenz Dittmann: Versuch über die Farbe bei Rubens. In: Hg. Erich Hubala: Rubens. Kunstgeschichtliche Beiträge. Konstanz: Leo Leonhardt Verlag 1979. S. 64 f. – **S. 39**: Georg Schmidt, Naturalismus und Realismus. Ein Beitrag zur kunstgeschichtlichen Begriffsbildung, in: Anita Moppert-Schmidt/Adolf Max Vogt (Hrsg.), Umgang mit Kunst. Ausgewählte Schriften 1940–1963. Freibug: Olten 1966 – **S. 39**: Lexikon der Kunst, Bd. 3 (Greg – Konv), begr. von Gerhard Strauss. Hrsg. von Harald Olbrich u. a. Leipzig: Seemann 1991 – **S. 41** (Badt): Kurt Badt, Eine Wissenschaftslehre der Kunstgeschichte. Köln: DuMont Schauberg 1971 – **S. 41** (Bätschmann): Oskar Bätschmann, Anleitung zur Interpretation: Kunstgeschichtliche Hermeneutik. In: Hans Belting u. a. (Hrsg.), Kunstgeschichte. Eine Einführung, 6. Aufl. Berlin: Dietrich Reimer Verlag 2003, S. 199 – **S. 41** (Sontag): Susan Sontag, Kunst und Antikunst, aus dem Amerikanischen von Mark W. Rien. München/Wien: Hanser Verlag 2003 – **S. 41** (Wölfflin): Heinrich Wölfflin, Das Erklären von Kunstwerken, Leipzig: Seemann 1940 – **S. 51**: Sabine Poeschel: Handbuch der Ikonographie. Sakrale und profane Themen der bildenden Kunst. Darmstadt: Wissenschaftliche Buchgesellschaft 2005, S. 14 ff. – **S. 53**: Wieland Schmied (Hrsg.) René Magritte 1898–1967, Ausstellungskatalog, München 1987 – **S. 55**: Arnold Hauser: Sozialgeschichte der Kunst und Literatur. München: Verlag C. H. Beck 1982, S. 1018 ff. – **S. 59**: Werner Hofmann, Grundlagen der modernen Kunst. Eine Einführung in ihre symbolischen Formen. Stuttgart: Kröner Verlag 1978 – **S. 59**: Hartmut Kraft, Dyaden zu dritt. Der analytisch-kunstpsychologische Ansatz. In: Hans Belting u. a. (Hrsg.), Kunstgeschichte. Eine Einführung, 6. Aufl. Berlin: Dietrich Reimer Verlag 2003, S. 283 – **S. 60**: Johannes Pawlik: Bildende Kunst: Begriffe und Reallexikon. 7. Aufl. Köln: DuMont Schauberg 1982. S. 85 – **S. 61**: nach: Oskar Bätschmann: Anleitung zur Interpretation: Kunstgeschichtliche Hermeneutik. In: Hans Belting: u.a. (Hrsg.): Kunstgeschichte: Eine Einführung. 6. Aufl. Berlin: Reimer 2003. S, 225